MARCO POLO

MAROKKO

Reisen mit **Insider Tipps**

Marokko ist immer für eine Überraschung gut, das macht jede Reise spannend! Ich kenne kein Land, das so vielfältig ist wie Marokko.
MARCO POLO Autorin
Muriel Brunswig-Ibrahim
(siehe S. 134)

MAROKKO

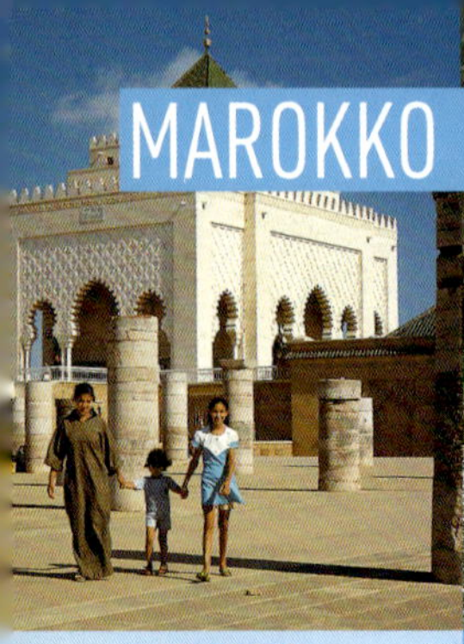

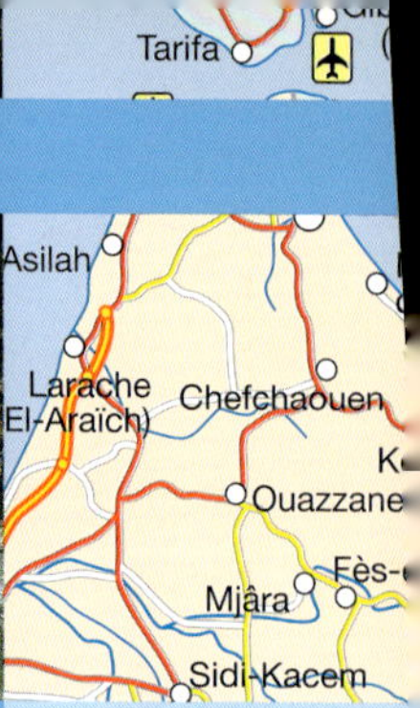

> SYMBOLE

Insider Tipp MARCO POLO INSIDER-TIPPS
Von unserer Autorin für Sie entdeckt

★ MARCO POLO HIGHLIGHTS
Alles, was Sie in Marokko kennen sollten

SCHÖNE AUSSICHT

▶▶ HIER TRIFFT SICH DIE SZENE

> PREISKATEGORIEN

HOTELS

€€€	über 120 Euro
€€	50–120 Euro
€	unter 50 Euro

Die Preise gelten für ein Doppelzimmer pro Nacht mit Frühstück

RESTAURANTS

€€€	über 15 Euro
€€	8–15 Euro
€	unter 8 Euro

Die Preise gelten für ein Hauptgericht ohne Getränke

> KARTEN

[120 A1] Seitenzahlen und Koordinaten für de Reiseatlas Marokkc

[0] Koordinaten für die Karte Marrakech in hinteren Umschlag

Zu Ihrer Orientierung sind auch die Orte mit Koordina versehen, die nicht im Reis atlas eingetragen sind

INHALT

> SZENE
S. 12–15: Trends, Entdeckungen, Hotspots! Was wann wo in Marokko los ist, verrät der MARCO POLO Szeneautor vor Ort

> 24 STUNDEN
S. 100/101: Action pur und einmalige Erlebnisse in 24 Stunden! MARCO POLO hat für Sie einen außergewöhnlichen Tag in Marrakech zusammengestellt

> LOW BUDGET
Viel erleben für wenig Geld! Wo Sie zu kleinen Preisen etwas Besonderes genießen und tolle Schnäppchen machen können:

Günstig einkaufen in Tanger S. 38 | Frischer Fisch für wenig Geld S. 44 | Wohnen in toller Atmosphäre S. 73 | Sandwüste ganz nah S. 82

> GUT ZU WISSEN
Was war wann? S. 10 | Spezialitäten S. 26 | Blogs & Podcasts S. 35 | Die Gnaoua S. 46 | Bücher & Filme S. 51 | Arganien S. 70 | Oasenfeldbau im Süden S. 85 | Ein Mann und die Oliven S. 86 | www.marcopolo.de S. 110 | Kleines Glossar S.112 | Arabisch S.118

AUF DEM TITEL
Der Gauklerplatz in Marrakech S. 53
Feuerroter Sonnenaufgang im Erg Chebbi S. 79

ENTDECKEN SIE MAROKKO!

Unsere Top 15 führen Sie an die traumhaftesten Orte und zu den spannendsten Sehenswürdigkeiten

Die Highlights sind in der Karte auf dem hinteren Umschlag eingetragen

1 Chefchaouen
Die pittoreske Stadt in den Bergen birgt andalusische, berberische und arabische Baustile und ist seit vielen Jahren ein Treffpunkt für Jugendliche aus aller Welt (Seite 33)

2 Mosquée Hassan II
Mit dieser Moschee setzte sich König Hassan II. in Casablanca ein Denkmal. Sie ist der zweitgrößte Sakralbau der islamischen Welt überhaupt (Seite 42)

3 Mazagan
Die Cité Portugaise in El-Jadida, etwa 100 km südlich von Casablanca, wurde zu Recht von der Unesco zum kulturellen Welterbe der Menschheit erklärt (Seite 44)

4 Medina
Enge Gassen, kleine Plätze: Die Altstadt von Essaouira lockt mit einzigartigem Charme (Seite 45)

5 Fès el Bali
Der älteste Stadtteil von Fès besticht durch arabische Baukunst, enge Gassen und unvergängliche Pracht (Seite 48)

6 Djemaa el Fna
Berühmter Platz in Marrakech: Gaukler, Feuerschlucker und Schlangenbeschwörer entführen Sie in eine andere Welt (Seite 53)

7 Madrasa Ben Youssef
Die prächtigste Koranschule des gesamten Landes befindet sich in Marrakech (Seite 54)

> DIE BESTEN MARCO POLO HIGHLIGHTS

8 Volubilis
Am Fuß des Zerhoun-Gebirges liegt Marokkos schönste römische Ausgrabungsstätte (Seite 60)

9 Parc National Oued Massa
Marokkos größtes Vogelschutzgebiet befindet sich südlich von Agadir (Seite 69)

10 Les Peintures
Der belgische Maler Jean Vérame schuf in der Nähe von Tafraoute ein Kunstwerk (Seite 74)

11 Vallée des Ammeln
Besonders majestätisch präsentiert sich das Tal nördlich von Tafraoute im Sonnenlicht (Seite 75)

12 Erg Chebbi
Das größte Sanddünengebiet Marokkos verspricht ein einzigartiges Wüstenerlebnis (Seite 79)

13 Gorges du Todhra
Bei Tinghir beginnt die gigantische Schlucht, für viele die schönste Oase des Landes (Seite 87)

14 Gorges du Dadès
Leise windet sich der kleine Fluss Dadès westlich von Tinghir durch berauschende Landschaften (Seite 89)

15 Vallée du Drâa
Dattelpalmen, so weit das Auge reicht, herrschaftliche Kasbahs – und Zagora als Zentrum des Tals (Seite 91)

Gorges du Dadès

AUFTAKT

Die Welt ist ein Pfau, und Marokko ist sein Schweif – so zumindest sagt es ein marokkanisches Sprichwort. Bescheidenheit ist nicht gerade eine Zier der Marokkaner, sie braucht es aber auch nicht zu sein. Denn ihre Heimat gehört zu den schönsten und vielfältigsten Ländern der Welt. Auf westliche Besucher übt Marokko eine Faszination aus, der man sich nicht entziehen kann. Nur einen Katzensprung von Europa entfernt finden Sie großartige Landschaften, eindrückliche Lehmbauten, arabische Altstädte, bunte Märkte und offene, liebenswerte Menschen, die Sie in eine Welt aus Tausendundeiner Nacht eintauchen lassen.

> Wer mit dem Schiff von Spanien aus nach Marokko fährt, kann schon von Weitem die in der Sonne leuchtende Silhouette der Altstadt von Tanger sehen – ein Meer von weißen Häusern, malerisch dicht aneinander gebaut auf einem Felsenhügel, der schroff zum Meer abfällt.

„Wer die weiße Stadt einmal gesehen hat", erzählen die Bewohner von Tanger gern, „wird um sie weinen, wenn er wieder in der Ferne ist." Was zuerst etwas pathetisch klingen mag, ist Teil des Mythos der Stadt Tanger, die vor der Unabhängigkeit Marokkos internationale Zone war: ein Treffpunkt der Schönen und Reichen, Schmuggler und Künstler, bekannt für kosmopolitischen Charme. Nur 14 km vom spanischen Festland entfernt, auf der anderen Seite der Meerenge von Gibraltar, ist es das „Tor zu Afrika".

Unvergesslich werden Ihnen aber nicht nur die Stadt Tanger, sondern alle Eindrücke und Erlebnisse aus ganz Marokko bleiben. Dies ist ein Land, das sich durch seine geografische, historische und kulturelle Vielfalt von vielen anderen Regionen der Welt unterscheidet.

> Beeindruckend sind Expeditionen in die Sahara

Etwa 446 550 km² umfasst das Staatsgebiet Marokkos, das im Nordwesten des afrikanischen Kontinents liegt, eingebettet zwischen Atlantik und Mittelmeer, Algerien im Osten der marokkanischen Sahara im Süden. Zum Landschaftsbild gehören schneebedeckte Berge, einsame Wüstenlandschaften, weite, grüne Ebenen und kilometerlange Sandstrände. Im Winter kann man in Oukaimeden, einem idyllischen Wintersportort im Atlasgebirge, Ski fahren oder wandern. An den 1835 km langen Küsten laden menschenleere Strände zum Faulenzen in der Sonne ein. Wer mehr Aktivität möchte, kann südlich von Agadir kleine, verträumte Städte wie Sidi Ifni finden, wo man das ganze Jahr über surft. Erstklassige

Die Geschichte vieler marokkanischer Städte wurde durch Fremdherrscher geprägt

Golfplätze gibt es in fast allen größeren Städten, wobei die in Marrakech und in Rabat Dar Essalam zu den besten der Welt zählen. Besonders beeindruckend sind Expeditionen in die westliche Sahara, die rund ein Drittel der Gesamtfläche Marokkos ausmacht. Historisch Interessierte finden Spuren und Zeugnisse der frühen Eroberer Marokkos, der Phönizier und Römer. Der ehemalige römische Verwaltungssitz Volubilis bei Meknès ist eine der wichtigsten Ausgrabungsstätten des Landes und zeugt, erstaunlich gut erhalten, von der einstigen Größe des römischen Imperiums.

> Orientalische Gastfreundschaft und Offenheit

Die frühe Geschichte der Küstenregionen Marokkos ist eine Geschichte ausländischer Eroberer, die die Kultur des Landes mannigfaltig prägten, während das Landesinnere, vor allem aber die Berg- und Wüstenregionen, weitestgehend unberührt blieben und es bis heute zum Teil noch sind. Nach den Römern dringen die Vandalen aus Südspanien nach Nordafrika vor. Im 8. Jh. besetzen muslimische Araber das heutige Marokko. Sie bringen nicht nur die verspielte orientalische Architektur, die für die Städten Fès und Marrakech so typisch ist, sondern verbreiten auch den Islam. Er ist noch heute offizielle Staatsreligion und bestimmt das Alltagsleben. Fünf Mal am Tag ruft der Muezzin zum Gebet, alle religiösen Feiertage werden strikt eingehalten. Wer es einrichten kann, sollte einige Tage des muslimischen Fastenmonats Ramadan nicht versäumen. Am Spätnachmittag gibt es Tag für Tag ein unvergleichliches Verkehrschaos, da jeder pünktlich zu Hause sein will. Bei Sonnenuntergang signalisieren Kanonenschüsse das Ende des Fastentags. Die Städte sind dann für ein, zwei Stunden völlig menschenleer. Aus den offenen Fenstern ist das Geklapper von Geschirr und Besteck zu hören.

Der Zusammenbruch des arabischen Großreichs um das Jahr 1400 führt dazu, dass Marokko ein Spielball europäischer Mächte wird. Nach den Portugiesen sind es vor allem Spanien und Frankreich, die die Politik des Maghreb bestimmen. Aufstände der einheimischen Bevölkerung werden brutal niedergeschlagen. Man teilt Marokko in ein spanisches und ein französisches Protektorat. Die Spanier bekommen den Norden und eine kleine Provinz im Süden, die Franzosen erhalten den großen Rest. Erst 1956, nach blutigen Unruhen gegen

WAS WAR WANN?

Geschichtstabelle

ab 2000 v. Chr. Nordafrika wird von Berberstämmen besiedelt

146 v. Chr. Nordafrika wird römische Provinz *Africa*

429 Die Vandalen erobern die römischen Provinzen

697 Muslimische Araber von der Arabischen Halbinsel besetzen die Region und verbreiten den Islam

710 Araber beginnen mit der Eroberung Spaniens

789 Mulay Idris gründet die Dynastie der Idrisen in Fès

1667 Beginn der Dynastie der Alawiten, die bis heute herrschen

1909/1912 Beginn des spanischen bzw. französischen Protektorats

1921 Beginn von Aufständen gegen die Kolonialmächte, die im Rif bis 1926, im Süden bis 1934 andauern

1945 Nach dem Zweiten Weltkrieg erneute blutige Unruhen gegen die Besatzung

1956 Unabhängigkeitserklärung

1961 Hassan II. wird neuer König nach dem Tod von Mohammed V.

1975 Besetzung der Westsahara durch den von Hassan II. organisierten „Grünen Marsch"

1999 Tod von Hassan II., Inthronisation von Mohammed VI.

2004 Das neue Familienrecht tritt in Kraft und gibt den marokkanischen Frauen die Gleichberechtigung

2007 Marokko boomt und verzeichnet so hohe Touristenzahlen wie noch nie

die Kolonialmächte, erhält das Könogreich Marokko seine Unabhängigkeit.

Die wirtschaftliche und soziale Lage des Landes ist prekär, das Pro-Kopf-Einkommen liegt bei nur 1800 Euro im Jahr. Die offizielle Analphabetenrate beträgt heute rund 40 Prozent, mit einer großen Dunkelziffer. Die offizielle Arbeitslosenzahl liegt bei 11,5 Prozent, in der Realität dürften es jedoch knapp 20 Prozent sein. Das klingt nach viel, ist im Vergleich zu den Vorjahren aber ein Fortschritt. Seit dem Amtsantritt König Mohammeds VI., der nach dem Tod seines Vaters Hassan II. 1999 den Thron bestieg, gab es einige Reformen zur Demokratisierung und Modernisierung des Landes. Der junge Monarch dezentralisierte die Verwaltung, förderte die Gründung von Unternehmen und erleichterte Investitionen.

> Ein König, der an Fortschritt interessiert ist

Einen kurzzeitigen Rückschritt für die Liberalisierung bedeutete das Attentat islamischer Fanatiker im Mai 2003 in Casablanca. Aus Angst vor islamischen Ideologien werden Zeitungen und Magazine wieder auf ihren Inhalt geprüft. Die Presse- und Meinungsfreiheit, für die Mohammed VI. bei seinem Amtsantritt so vehement eintrat, ist heute zwar besser als 2004 – aber noch immer stark eingeschränkt. Der junge Monarch, der sich gern mit Sonnenbrille, Lederjacke und Zigarette fotografieren lässt, ist für die Mehrzahl der Marokkaner der neue Hoffnungsträger einer besseren Zukunft. Insbesondere für junge Menschen, die die Hälfte der Gesamtbevölkerung ausmachen und vielfach, trotz Universitätsabschluss, arbeitslos sind. Das Engagement Mohammeds VI., gerade für die sozial Benachteiligten des Landes, zeigt ihnen, dass es endlich einen König

französische Baguettes, in einigen Restaurants stehen *Salade Niçoise, Escalope* oder Paella auf der Speisekarte. Die meisten Geschäfte sind am Nachmittag geschlossen, die Siesta gehört nach einem späten Mittagessen zum festen Bestandteil des marokkanischen Tagesablaufs. Zusammen mit der arabischen Lebenseinstellung, die

Ein Ausritt in die Wüste erfordert gründliche Vorbereitung

gibt, der tatsächlich an Fortschritt interessiert ist. Einem Fortschritt, der auch die Jugend mit einschließt.

Noch heute ist der Einfluss der ehemaligen Protektoratsmächte spürbar: Im nördlichen Marokko ist Spanisch, neben der offiziellen Amtssprache Arabisch, die erste Fremdsprache. Im Süden ist es dagegen Französisch. In den Bäckereien verkauft man

dem Augenblick mehr Gewicht verleiht als einer Zukunft, die nur in Gottes Hand liegt, ergibt sich eine sympathische Mischung aus mediterranem und orientalischem Lebensstil. Es ist diese Art von Laissez-faire, aber auch eine großzügige Gastfreundschaft und Offenheit gegenüber Fremden, die Marokko für viele stressgeplagte Europäer so anziehend macht.

TREND GUIDE MAROKKO

Die heißesten Entdeckungen und Hotspots!
Unser Szene-Scout zeigt Ihnen, was angesagt ist

Rosalinde Thiemann

Jung, erfolgreich und trendy - drei Worte, die Roselinde Thiemann treffend beschreiben. Sie leitet die einzige Kakteenplantage Afrikas. Immer, wenn es ihre Zeit erlaubt, geht sie mit ihren Freunden auf Tour und durchtanzt die Nächte in den angesagtesten Clubs Marrakechs. Der perfekte Abend beginnt für sie mit einem exquisiten Dinner in einem Gourmettempel – am liebsten mit Liveband.

ECO-LIFE

Biologisch & traditionsbewusst

Marokko holt zum Rundumschlag in Sachen ökologischen Lifestyles aus. Es entstehen Ökoparks und -hotels, die den Besuchern sowohl landestypische Traditionen vermitteln, als auch das Bewusstsein für die Natur stärken wollen. Im Eco-Adventure Park *Terres d'Amar*, 30 Minuten von Marrakech, stehen neben Workshops im Brotbacken oder Holzschnitzen auch Exkursionen in die Umgebung auf dem Programm *(Road of Asni Km 38, Douar Akli, Tahanaout, www.terresdamanar.com)*. Einen Einblick ins Leben der Berber bekommt man in der Eco-Lodge *Atlas Kasbah*. Guides erklären einem Fauna und Flora und in Kochkursen bereitet man traditionelle Gerichte zu *(Tighanimine el Baz, Agadir, www.atlaskasbah.com*, Foto*)*. Das Restaurant *Bio Plaza* macht seinem Namen alle Ehre. Kräuter und Gemüse kommen direkt aus dem eigenen Garten *(Hotel Imperial Plaza, Avenue Abdelkarim el Khattabi, Marrakech, www.imperialplaza.ma)*.

SZENE

RELAXEN MIT AUSBLICK

Wo Götter baden gehen

Das Highlight des Hotels *L'Heure Bleue* ist die Wasserlandschaft auf der Dachterrasse. Hier genießen die Gäste nicht nur die letzten Sonnenstrahlen, sondern auch die Aussicht auf die Altstadt Essaouiras *(2, Rue Ibn Batouta, www.heure-bleue.com)*. Im Wüstenpalast *Riad el Fenn* relaxt man auf bunten Kissen neben einem türkisfarbenen Pool mit Blick auf die Medina *(Derb Moullay Abdullah Ben Hezzian, Bab el Ksour, Marrakech, www.riadelfenn.com*, Foto*)*. Wer im Hotel *Riad 72* entspannen will, tut dies am besten auf den weißen Daybeds und lässt dabei den Blick über Palmen und Bananenpflanzen schweifen *(72, Arset Awsel, Marrakech, www.riad72.com)*.

PISTENGAUDI IN AFRIKA

Heißer Sand und kühler Schnee

Nichts ist unmöglich – auch nicht Skifahren in Marokko. Pulverschnee und ein herrliches Panorama erleben Skifahrer und Snowboarder auf den Gebirgszügen des Hohen Atlas oder der Oukaimeden. Das Team von *Adrar Adventure* kennt die besten Skitouren auf die höchsten Gipfel der Region. Tiefschneefans kommen hier voll auf ihre Kosten, oben angekommen wartet eine unberührte Schneedecke, auf der man ins Tal hinab wedelt *(Marrakech, www.morocco-travel-adventure.com)*. Am Toubakal carvt man mit den Guides von *Creative Tours* über beeindruckende Pisten. Für den Einkehrschwung stehen Berghütten bereit *(Marrakech, www.creativetours-morocco.com)*. Die Berber von *Robbie Flow* kennen das Atlas-Gebirge genau und sorgen dafür, dass auf der 7-tägigen Skitour niemand verloren geht *(www.robbieflow.com)*.

KAFTAN COUTURE

Ornamente, Perlen und Farbenpracht

Eingehüllt in edle Seide schreiten die Models von *Ryma Couture* über den Catwalk. Den modernen Touch haucht Designerin Najia Abadi ihren traditionellen Kaftans mit großen Ornamenten und figurbetonten Schnitten ein *(154, Boulevard Bir Anzarane, Résidence Les Jardins «A», Casablanca, www.najia-abadi.com,* Foto*)*. Bei den Kreationen von Majida Khattari verschmelzen Mode und Kunst zu Farbinstallationen mit Interpretationsspielraum *(www.majidakhattari.com)*. Noch mehr moderne Kaftans gibt's bei Meryem Boussikouk in Casablanca *(26, Lotissement Marjana, Sidi Maarouf, www.meryemboussikouk.com)*.

MODERNE WERKE

Kunstszene im Aufbruch

Ein kreativer Mix aus farbenprächtigen Abbildungen marokkanischen Alltags, Kalligrafien und moderner Kunst definiert die aufstrebende Kunstszene des Landes. In der *Espace Othello International Gallery* bekommen junge, noch unbekannte Künstler die Chance ihre Werke zu präsentieren *(9, Rue Mohammed Layachi, Essaouira)*. Die *Gallerie d'Art Frederic van Damgaard* stellt progressive Malerei und hölzerne Skulpturen regionaler Künstler aus *(Rue Okba Ibn Nafia, Essaouira)*. Im Trendviertel Guéliz bietet die *Galerie Bleue* zeitgenössischen Malern Raum für Ausstellungen und spezialisiert sich dabei auf gegenständliche Kunst *(119, Boulevard Mohammed V, Marrakech)*.

FILM AB!

Cinémathèque Maroc

Häuser aus brüchigen Steinen, raue Einöde und dramatische Wolkentürme – Marokko ist immer öfters Schauplatz internationaler Filmproduktionen wie z. B. *Babel* mit Brad Pitt. So verwundert es auch nicht, dass sich hochkarätige Stars auf dem *Festival International du Film de Marrakech* die Ehre geben *(www.festival-marrakech.com)*. Von den Werken unbekannter Regisseure überzeugt man sich beim *Festival International du Cinéma Méditerranéenne (Tétouan, www.maghrebarts.ma)*. Die *Cinématheque Tanger* widmet sich Indie-Filmen *(Cinéma Rif, Place du 9 Avril, Grand Socco, Tanger, www.cinemathequedetanger.com)*.

RAP FEMININE

Harte Beats mit Message

Rapper aufgepasst! In Marokko mischen Musikerinnen wie die Girls von *Tigresse Flow* die Hip-Hop-Szene auf und sorgen mit frechen Texten und flotten Beats für neuen Schwung auf den von Männern dominierten Bühnen *(www.myspace.com/tigresseflow00)*. Ihren Durchbruch hatten die fünf beim alljährlichen Bandwettbewerb *Concour National de Rap et de Breakdance (Theatre Mohammed VI, Casablanca, www.oufdubled.com)*, konnten aber auch beim *Mawazine Festival Rhythms of the World* Erfolge feiern *(Rabat, www.festivalmawazine.ma)*. Live-Rap und coole Beats gibt's im *Pulp Club* in Casablanca *(3, Boulevard de la Corniche)*.

RAFFINIERTE KREATIONEN

Kombis für Feinschmecker

In nordafrikanischen Fusion-Restaurants trifft karamelisierter Honig auf Soja und Safran auf Ingwer. Zur Vorspeise empfiehlt die orientalisch-asiatische Küche des *Le Bô & Zine* Tartar aus frischem Ziegenkäse und gepresstem Krebsfleisch *(Douar Lahna, Route de l'Ourika, Marrakech, www.bo-zin.com)*. Im *Café Arabe* genießen Gourmets marokkanische Küche mit mediterranem Touch *(184, Rue Mouassine, Marrakech, www.cafearabe.com,* Foto*)*. Bei Seeteufeltajine an kandierten Zitronen im *Foundouk* läuft auch Kennern der französisch-marokkanischen Fusionküche das Wasser im Mund zusammen *(55, Souk Hal Fassi, Marrakech, www.foundouk.com)*.

> MODERNES MAROKKO

Einblicke in ein Land, in dem viele Kulturen und Traditionen zu Hause sind

ALKOHOL

In Marokko werden zwar Wein und Bier produziert, aber alkoholische Getränke kann man nicht wie in Europa in jedem Supermarkt kaufen. Dafür gibt es speziell lizenzierte Läden, von denen in jeder größeren Stadt mindestens einer zu finden ist. Außer in den großen Hotels sowie in einigen Restaurants der gehobenen Klasse gibt es Alkohol auch in den meisten Diskotheken. Während des Fastenmonats Ramadan und an religiösen Feiertagen sind die Alkoholläden jedoch geschlossen, und der Alkoholausschank für nichtmuslimische Ausländer ist auf eine oder zwei Bars in jeder Stadt beschränkt.

BERBER

Die *Amazirin*, wie sie sich selbst bezeichnen, stellen die autochthone

Bild: Medina von Tetouan

STICH WORTE

Bevölkerung Marokkos dar. Sie sind kein einheitliches Volk, sondern bestehen aus vielen Stämmen und Gruppierungen, die man unter dem Namen „Berber“ zusammenfasst. Sie leben in allen Teilen des Landes – als Bauern, Nomaden oder Städter. Rein äußerlich sind sie von den Arabern nicht zu unterscheiden. Nach Schätzungen sprechen rund 40 Prozent der marokkanischen Bevölkerung eine der drei offiziellen Berbersprachen. Anders als in Algerien werden die Berber als eigene Volksgruppe anerkannt.

FAMILIE

Die Großfamilie ist ein Grundpfeiler der marokkanischen Gesellschaft. Trotz wirtschaftlicher Veränderungen leben Kinder, Eltern und Großeltern noch unter einem Dach zusammen. Bei einem Mindesteinkommen von 180 Euro im Monat ist die Familie für viele Marokkaner die einzige Sicherheit. Hinzu kommt die Tradition, nach der es üblich ist, die Söhne und Töchter erst nach einer Heirat aus dem elterlichen Haus zu entlassen. Jugendliche, die an der Universität einer anderen Stadt studieren, fahren jedes Wochenende nach Hause, um die Familie zu besuchen.

HAMMAM

In jedem marokkanischen Dorf gibt es ein öffentliches Bad, das mit Holz beheizt wird. Als es noch kein fließendes Wasser gab, ging man einmal in der Woche zur Reinigung ins Badehaus. Noch heute wird dieser Ritus von vielen beibehalten, obwohl sie zu Hause eine Dusche haben. Hammams, die es seit dem 3. Jh. gibt, dienen heute weniger der Reinigung als vielmehr der Entspannung. Früher waren sie für die Frauen ein Ort, um außerhalb des Hauses zusammenzukommen.

HASCHISCH

In einem Bericht aus dem Jahr 2004 wurde zum ersten Mal offiziell eingeräumt, dass mehr als 800000 Marokkaner vom Hanfanbau leben. Zuvor hatte dies die Regierung immer geleugnet, obwohl es ein offenes Geheimnis war, dass Marokko der größte Haschischexporteur der Welt ist. Cannabis wird auf einer Fläche von 1340 km^2 besonders im Norden des Landes angebaut und ist eines der wichtigsten Erzeugnisse der Landwirtschaft. Konsum und Handel sind nach wie vor unter Strafe gestellt.

ISLAM

Nach den Terroranschlägen in Casablanca 2003 rückte Marokko als ein

Kalligrafie ist ein wichtiger Bestandteil der arabischen Kultur

Land der radikalen Islamisten ins Rampenlicht. Tatsächlich wird aber, im Gegensatz etwa zu Saudi-Arabien, von der Mehrheit ein moderater Islam praktiziert. Die Religion bestimmt zwar das Alltagsleben, ist aber weit weniger ideologisch gefärbt. Im Maghreb sind bis heute noch viele Traditionen aus vorislamischer Zeit vorhanden, die anderswo als heidnisch bezeichnet würden und den Islam offener und leichter machen.

LANDESSPRACHE

Hocharabisch ist in Marokko offizielle Amtssprache. Im täglichen Leben wird aber *Darija*, ein arabischer Dialekt, gesprochen, der sich sehr vom Hocharabischen unterscheidet und in den Ländern des Mittleren Ostens nur schwer verstanden wird. Daneben gibt es als weitere Landessprachen *Tachelhit, Tamazight* und *Tarifit* – die drei Berbersprachen. Französisch ist weit verbreitet und gilt als zweite Amtssprache.

MAGIE

Die Magie ist ein fester Bestandteil der marokkanischen Gesellschaft, auch wenn niemand gern darüber spricht. Überall gibt es in der Nachbarschaft eine Frau oder einen Mann, die sich auf magische Rituale verstehen. Vom Talisman mit Koranversen bis zu Zaubermitteln für die eifersüchtige Ehefrau oder den Ehemann mit Mätresse ist alles zu bekommen – nur gegen Barzahlung, versteht sich. In jeder Stadt finden Sie Läden, die eine große Palette von magischen Utensilien verkaufen: Schutz gegen den bösen Blick, Pulver gegen Migräne oder ein Aphrodisiakum. Ob Humbug oder nicht: Vorsicht ist besser als Nachsicht.

MEDINA

Medina bedeutet auf Arabisch Stadt, bezeichnet aber im heutigen Sprachgebrauch das Altstadtviertel. Hinter unscheinbaren Türen verbergen sich oft Paläste mit großen Gärten und mehreren Dachterrassen – früher vom Sultan, seinen Haremsdamen oder hohen Verwaltungsbeamten bewohnt. Bescheidenere Häuser haben einen kleinen Innenhof, der Aufenthaltsort und Lichtschacht zugleich ist. Diese sogenannten Riads sind besonders bei Europäern beliebt. In Marrakech wurde ein Großteil der Medina von Ausländern aufgekauft, die die Gebäude restauriert haben. Die Medina ist auch ein Geschäftszentrum, in dem den unterschiedlichen Handwerkszünften bestimmte Gassen vorbehalten sind. So gibt es etwa ein Viertel der Goldschmiede, ein anderes für die Textilbranche oder die Gewürzhändler.

MELLAH

Nach der christlichen Verfolgung in Spanien im 14. Jh. fanden jüdische Flüchtlinge eine neue Heimat in Marokko. Sie standen unter dem besonderen Schutz des Sultans. Jahrhundertelang wohnten sie in der Mellah, einem ihnen speziell zugewiesenen Viertel in der Medina. Da den Muslimen Geldgeschäfte verboten sind, übernahmen hebräische Geschäftsleute den Geldverleih. In Fès, wo Synagoge und Friedhof noch heute zu besichtigen sind, lebte die größte jüdische Gemeinde. Von den einstmals rund 1 Mio. Juden sind heute noch etwa 8000 in Marokko ansässig.

Tradition trifft Moderne wie hier in der Neustadt von Casablanca

MIGRATION

Vom afrikanischen Kontinent reisen jährlich Tausende von Menschen nach Tanger, um auf einem Boot *(patera)* nach Spanien überzusetzen. Jedes Jahr sterben bei der Überquerung der Meerenge von Gibraltar rund 3000 Menschen, darunter auch Marokkaner, die sich in Europa ein besseres Leben versprechen. Vorbild sind die etwa 3 Mio. Auslandsmarokkaner, die vorwiegend in Frankreich, Spanien und Italien leben und im Sommer mit voll bepackten Autos auf Heimaturlaub kommen. Die Auslandsmarokkaner, die fast 10 Prozent der Gesamtbevölkerung ausmachen, sind ein wichtiger Bestandteil der Wirtschaft. Jährlich überweisen sie rund 3,4 Mia. Euro an ihre Familien.

MUSIK

Musik ist in Marokko allgegenwärtig. Ob im Bus oder Taxi, der Kassettenrecorder mit arabischer Musik läuft immer. Oft wird auch einfach gesungen und im Rhythmus dazu geklatscht, um sich die Zeit zu vertreiben. In allen Orten ziehen Musikanten von Haus zu Haus, spielen ein Ständchen und bekommen dafür einige Dirham oder etwas zu essen. Ob Hochzeit, Beschneidungszeremonie oder Beerdigung, traditionelle Musik gehört immer dazu. Beliebt sind die Stile *Gnaoua* und *Jajouka*, die manche Zuhörer in Trance verfallen lassen. Im Norden ist andalusische Musik populär, eine Mischung aus spanischen und arabischen Klängen.

ROLLE DER FRAU

Die Rolle der Frau ist eine Mischung aus Tradition und Moderne. Im Straßenbild finden sich Kopftuch und Minirock gleichermaßen. Das neue Familiengesetz, das von Mohammed VI. initiiert wurde, bestärkt die Emanzipation der Frauen in einer Männerwelt. Ein neues Familiengesetzbuch garantiert den Frauen in der Ehe gleiche Rechte und gestattet amtliche Scheidungen. Beispielhaft für ein neues Frauenbild ist Salma Bennani, die als erste Königsbraut in der marokkanischen Geschichte ohne Schleier auftrat und ihren Mann bei offiziellen Anlässen begleitet.

WESTSAHARA

Nach dem Abzug der spanischen Besatzungstruppen annektierte Hassan II. 1975 das Grenzland zwischen Algerien, Marokko und Mauretanien. In den folgenden Jahren kämpfte die Guerillaorganisation Polisario mit Unterstützung Algeriens für die Unabhängigkeit des Gebiets. Im Jahr 1991 kam es zu einem Waffenstillstand zwischen Marokko und der Polisario. Ein geplantes Selbstbestimmungsreferendum konnte bisher nicht durchgeführt werden. Es scheiterte nicht zuletzt am Veto Marokkos, das die phosphatreiche Westsahara als unverzichtbaren Teil seines Staatsgebiets betrachtet.

MÄRKTE, TÄNZE, REITERSPIELE

Anlässe gibt es viele: Bunte Feste werden in Marokko zu jeder Jahreszeit gefeiert

> Ein stark ausgeprägter Heiligenkult sorgt dafür, dass in Marokko ganzjährig große Folklorefeste stattfinden. Nicht ganz so bunt und eher in der Familie gefeiert werden die religiösen Feste, die sich nach dem islamischen Kalender richten und deshalb von Jahr zu Jahr im Datum variieren. An Nationalfeiertagen sind alle Ämter, Banken und Schulen geschlossen.

NATIONALFEIERTAGE

1. Jan. *(Neujahr)*; **1. Mai** Aid asch-Schughl *(Tag der Arbeit)*: In Rabat finden Demonstrationen statt; **31. Juli** Aid al-Arasch *(Thronfest)*: An diesem Tag werden der König und das Königshaus mit bunten Paraden, Folkloredarstellungen und zahlreichen Fantasias gefeiert. **21. Aug.** Aid al-Schabab *(Fest der Jugend)*; **6. Nov.** Aid al-Masira *(Tag des Grünen Marsches)*: Man feiert die Besetzung der Westsahara. **18. Nov.** Aid al-Istiqlal *(Tag der Unabhängigkeit)*

RELIGIÖSE FEIERTAGE

Die wichtigsten religiösen Feiertage sind das *Aid al-Fitr (10. Sept. 2010, 30. Aug. 2011)*, das Zuckerfest am Ende des Fastenmonats Ramadan sowie das *Aid al-Adha (17. Nov.. 2010, 6. Nov. 2011)*, das Opferfest. An diesem wird dem Opfer gedacht, das Ibrahim (Abraham) zu bringen bereit war, als er seinen Sohn für Gott opfern sollte. Die anderen islamischen Feiertage werden in Marokko so gut wie nicht gefeiert.

MOUSSEMS

Moussems sind bunte Wallfahrten zu Ehren von Heiligen. Die Feste dauern drei bis sieben Tage; sie sind mit rituellen Handlungen an den Marabouts verbunden und haben fast immer ein besonderes Thema.

Februar

Mandelblütenfest in Tafraoute: Unter rosafarbenen Blüten wird ein großes Fest gefeiert.

> EVENTS FESTE & MEHR

Mai
Rosenfest in El-Kelaat M'Gouna: Zur Rosenernte kommen Berber von überallher. Es gibt einen riesigen Markt, und eine Rosenkönigin wird gewählt.

September
Moussem des Moulay Idris in Fès: Moulay Idris gilt als Staatsgründer und ist der Heiligste des Landes. Man sagt, wer sieben Mal nach Moulay Idris gepilgert ist, braucht nicht mehr nach Mekka.
Hochzeitsmarkt von Imilchil: Der Stamm der Ait Haddidou feiert Hochzeit. Frauen suchen sich ihre Männer aus, geheiratet wird direkt vor Ort.

Oktober
Dattelfest in Erfoud: Es gibt Musik, einen großen Markt und die Wahl zur Miss Dattel.

MUSIKFESTIVALS

Mai
Wüstenmusik-Festival, Er-Rachidia: Das Festival zieht Gruppen aus der ganzen arabischen Welt an *(www.festivaldudesert.ma)*.

Juni
Festival de la Musique Sacré in Fès: Das internationale Musikfestival ist fest in den Händen europäischer Plattenfirmen *(www.fesfestival.com)*.
★ *Gnaoua-Festival in Essaouira:* Als Gnaoua werden die schwarzen Mystiker bezeichnet, die vor allem in Essaouira und Marrakech leben. Das Festival ist eines der größten und spannendsten in Marokko *(www.festival-gnaoua.co.ma)*.

Juli
Folklorefestival in Agadir: eher klein im Vergleich zu den beiden anderen Festivals, aber durchaus interessant; mit vielen Folkloregruppen vor allem aus Südmarokko

August
Kulturfestival in Asilah: Künstler aller Sparten kommen in der schönen Stadt am Atlantik zusammen. Insider Tipp

> MAROKKANISCHE CUISINE

Couscous, Tajine, Cornes des Gazelles – Marokkos Küche ist vielfältig und reich

> Die marokkanische Küche kann derb und feinsinnig, einfach und aufwendig sein. Die Palette der Gerichte reicht von gekochtem Ziegenkopf, den man mit Salz und Kreuzkümmel isst, über Fleischspieße bis zu gegrilltem Schwertfisch und mit Hackfleisch gefüllten Weißkrautbällchen. Vorweg oder auch dazu gibt es Salat. Typisch marokkanisch werden Gurken und Tomaten, klein gehackt, zusammengemischt. Als Nachspeise kann es Milchreis mit Zimt und Zucker oder auch nur Obst geben. Nationalgerichte sind *Tajine* und Couscous. Von Tajine, einem Gericht, das in einem Tontopf ähnlich unserem Römertopf gegart wird, existieren unzählige Varianten. Mit Fisch, Schaf- und Rinderfleisch, vielleicht süß-sauer mit Backpflaumen oder ganz vegetarisch mit Gemüse. Am besten schmeckt die Tajine, wenn sie in traditionellem Tongeschirr auf Holzkohle zubereitet wird und eine

ESSEN & TRINKEN

gute Stunde im eigenen Saft vor sich hin brutzelt.

Couscous ist das typische Freitagsessen. Jede Woche, nach dem traditionellen Freitagsgebet in der Moschee, wartet zu Hause Couscous auf dem Tisch. Couscous wird, wie so oft in Marokko üblich, mit der Hand gegessen. Genauer gesagt mit den Fingern der rechten Hand. Bei diesen eher offiziellen Anlässen gilt die linke Hand als unrein. Im Alltagsleben werden aber ungezwungen beide mit einem Stück Brot zusammen benutzt. Sie können also unbesorgt, selbst im Restaurant, wo Gabel und Messer automatisch serviert werden, bei Problemen mit Fisch oder Hühnchen die Hände mit zur Hilfe nehmen.

Wie in der ganzen Welt üblich, ist das Essen im Privathaushalt am besten, und man bekommt viele Speisen vorgesetzt, die es im Restaurant nicht gibt. Lehnen Sie also die Einladung einer marokkanischen Familie unter keinen Umständen ab, und freuen Sie sich auf die liebevoll zubereiteten Gerichte.

In den Restaurants ähneln sich in der Regel die Speisekarten. Neben Couscous und Tajine gibt es Fleischspieße, Steaks, panierte Schnitzel oder Innereien wie Leber und Nieren. Entlang der Atlantik- und Mittelmeerküste bekommt man immer frischen Fisch, der sehr zu empfehlen ist: graue und rote Doraden, Tintenfisch, Schwertfisch oder auch Krabben. Im Sommer stehen mancherorts an Bade-

> SPEZIALITÄTEN

Genießen Sie die typisch marokkanische Küche!

SPEISEN

Beghrir – Pfannkuchenartige Fladen, bevorzugt zum Frühstück mit Honig, Butter oder *Amlou* (Mischung aus Honig, Mandeln und Argannüssen)

Briouats – Kleine, gefüllte und frittierte Teigtaschen mit Hackfleisch und/oder Käse und/oder Gemüse

Brochette – Fleischspießchen aus Lamm, Rind, Hähnchen oder Hackfleisch

Couscous – Hartweizengrieß mit sieben Gemüsen, wahlweise mit Rindfleisch, Lamm oder Huhn, seltener mit Fisch. Der süße Couscous wird mit Rosinen und gedünsteten Zwiebeln serviert, meist mit Hühnerfleisch

Harrira – Die Suppe, mit der man im Fastenmonat Ramadan nach Sonnenuntergang das Fasten bricht. Eine sehr reichhaltige Speise, basierend auf kleinen Linsen und Kichererbsen. Wahlweise mit Schaf- oder Rindfleisch, manchmal auch mit Reis und Tomatenmark zubereitet

Kefta – Hackfleisch gibt es als Spießchen, die über Holzkohle gegrillt, oder als Bällchen, die in Butter oder Öl gebraten werden

Mechoui – Das marokkanische Festtagsgericht. Ein gebratener Hammel (oder Lamm), für den ein spezieller Ofen aus Lehm erbaut wird. Der Ofen wird mit Holz gefüllt, das bis zur Glut herunterbrennt. Wenn der Ofen heiß genug ist, wird das Lamm im Ganzen eingehängt und je nach Größe drei bis fünf Stunden gegart. Köstlich!

Pastilla – In Blätterteig gefülltes Tauben-, Hühner- oder Hackfleisch, manchmal mit Mandelpaste, in jedem Fall aber mit Puderzucker und Zimt bestreut

Tajine – Schaffleisch, Fisch oder Rind mit Gemüse, Oliven oder Backpflaumen (Foto)

GETRÄNKE

Café au lait – Starker Espressokaffee, der nach Wunsch mit mehr oder weniger Milch aufgegossen

Thé à la menthe – Grüner Tee mit frischen Pfefferminzblättern

stränden kleine Garküchen, die frisch gegrillte Sardinen anbieten – mit Zwiebeln und klein gehacktem Koriander ein unbedingtes Muss. Sie sind von mittags bis spätabends geöffnet und bereiten auf Wunsch auch verschiedene Salate zu. Überhaupt sollte sich niemand scheuen, in den kleinen Restaurants zu essen, von denen es in jedem Ort unzählige gibt. Sie sind sehr gut und billig.

Wer ein Unterhaltungsprogramm zum Essen wünscht, für den gibt es in Marrakech und Fès zahlreiche Gelegenheiten. Bei einem mondänen Dinner in den Restaurants der Medina, von denen manche fürstlichen Hallen im orientalischen Design gleichen, steht Bauchtanz als Dessert auf dem Programm. Marrakech gilt neben Casablanca als Gourmetzentrum, wo Sie sehr gute internationale Restaurants finden, vor allen Dingen gehobene französische Küche. Im Norden Marokkos bekommen Sie Paella oder auch eine Tortilla aus Kartoffeln. In den Bars in Tanger und Tetouan wird, selbst über 50 Jahre nach der Unabhängigkeit, die spanische Tradition der Tapas gepflegt. Zu jedem Bier serviert der Kellner kleine Tellerchen mit Fisch, Fleisch oder einem Salat. Auf der Straße wird *Caliente* (die Warme), eine Art Fladenpizza aus Maismehl, von mobilen Ständen aus verkauft.

Marokkanische Weine sind sehr gut und passen zu jeder Gelegenheit. Besonders empfehlenswert sind Cabernet President Rouge oder auch ein eiskalter Ksar Rosé in der Sommerhitze Marokkos. Die lokalen Biere Flag und Storck ähneln stark den deutschen Bieren und sind sehr süffig.

Thé à la menthe wird traditionell in Gläsern serviert

Gläubige Marokkaner halten sich an das islamische Alkoholverbot und trinken Cola oder Limonade zum Essen. Als Mineralwasser gibt es *Oulmes* mit, *Sidi Ali* und *Sidi Herazem* ohne Kohlensäure. Wichtiges Getränk ist *thé à la menthe*, der zum Essen oder auch in den zahlreichen Cafés getrunken wird. In den Cafés treffen sich meist nur Männer, die nach der Arbeit oder am Sonntagvormittag über Politik oder die einfachen Dinge des Lebens diskutieren. Unverzichtbar dabei, neben dem Pfefferminztee, der *café au lait* (Milchkaffee) und der *café noir* (Espresso).

EINKAUFSPARADIES MAROKKO

Egal, ob Sie Arganienöl, Nomadenschmuck, Teppiche oder edles Porzellan kaufen wollen: Feilschen gehört zum guten Stil

> Das Warenangebot in den Medinas ist wahrlich überwältigend. Ein Geschäft reiht sich an das andere, mit Lederwaren, Schmuck, Keramik, Kleidung, Lampen und Holzarbeiten. Beim Kauf von Souvenirs sollten Sie sich aber in jedem Fall Zeit lassen.

Auch wenn es selbst in den Suqs immer mehr Läden gibt, die Festpreise verlangen, so ist doch Handeln ein fester Bestandteil eines Kaufs und kann manchmal so nervenaufreibend wie amüsant sein. Hartnäckigkeit lohnt sich, vermeiden Sie so lange wie möglich, einen Preis zu nennen. Sind Sie eingestiegen, beginnt die Diskussion. Scheuen Sie sich nicht, nein zu sagen, auch wenn Sie vom Ladenbesitzer zum Tee eingeladen wurden. Gastfreundschaft ist hier Teil des Geschäfts. Je geduldiger und hartnäckiger Sie verhandeln, desto mehr wird man Sie als ernsthaften Geschäftspartner betrachten.

Wenn Ihnen diese Basargepflogenheiten missfallen, können Sie auch in staatlichen Geschäften einkaufen, in denen alles seinen Festpreis hat. Grundsätzlich sollte man in Geschäften, die auf Tourismus spezialisiert sind und von Keramik über Schmuck bis zu Schuhen alles anbieten, nicht einkaufen. Jede Handwerkerzunft hat in der Altstadt ihre eigene Gasse oder ihr kleines Viertel. Neben einer größeren Auswahl ist es auch ein besonderes Erlebnis, durch die verwinkelten Gassen zu schlendern. Wichtig ist, dass Sie Souvenirs in den entsprechenden Regionen kaufen, wo sie auch beheimatet sind.

KERAMIK

Bekannt ist Fès nicht nur für Kupferarbeiten, sondern auch für Keramiken mit ihrem typischen blau-weißen Muster. Wunderschön sind große Schalen, die man etwa für Obst benutzen kann. Besonders reizvoll ist das Fèser Essgeschirr, das gerade in Blau-Weiß sehr edel wirkt. Die Keramik aus Fès ist von der Qualität her hochwertiger als die Produktionen

> EINKAUFEN

aus der Stadt Safi, dem zweiten Töpferzentrum des Landes. Hier wie auch in Marrakech finden Sie die einfachen Keramikarbeiten, wozu auch die originalen Tajinetöpfe gehören.

KULINARISCHES

Sie können auch kulinarisch ein Stück Marokko mit nach Hause nehmen. Auf den imposanten Gewürzmärkten bekommen Sie frischen Pfeffer, Kreuzkümmel oder auch kalt gepresstes Olivenöl. Besonders empfehlenswert ist das Öl des Arganbaums, der nur in Marokko wächst und 200 bis 300 Jahre alt wird. Zum ersten Mal wird er 1219 vom arabischen Arzt Inb Al Baytar erwähnt. Das aus den Nüssen des Baums kalt gepresste Öl hat einen starken Nussgeschmack und dient der Veredelung von Speisen. In Marokko werden die Nüsse des Baums auch mit Mandeln und Honig vermischt *(Amlou)*, und als Brotaufstrich verwendet. Arganienöl kann in Kosmetik verwendet werden. Es schützt und pflegt die Haut. In der Naturheilkunde setzt man es u.a. bei Akne und Rheuma ein. Mit kulinarischen Souvenirs aus Marokko kann man zu Hause nicht nur dem Essen eine exotische Note geben und seine Gäste beeindrucken. Das Hühnchen, im Original-Tajine-Geschirr zubereitet, mit Safranreis als Beilage, und der Salat mit einem Tropfen Arganöl bringen Reiseerlebnisse zurück und machen Lust, Marokko möglichst bald noch einmal zu entdecken.

SILBER & KUPFER

Silberschmuck der Berber und der Tuareg kauft man in Südmarokko. Dort wird der Schmuck der Nomaden in großer Zahl und auch günstig angeboten. Häufig finden Sie dort auch Ketten und Ringe mit Halbedelsteinen. Ziselierte Kupfer- und Bronzearbeiten sucht man in Fès. In den Suqs der malerischen, antiken Medina findet man eine reiche Auswahl an Platten, Tellern oder Teekannen.

> MEDITERRANES MAROKKO

Weite Strände am Atlantik, versteckte Buchten an der Mittelmeerküste und traditionelle Lebensweise im Rif-Gebirge

> Marokkos grüner Norden ist eingerahmt von Atlantik und Mittelmeer. Am Cap Spartel vereinigen sie sich. Dominiert wird die Region vom landschaftlich sehr schönen Rif-Gebirge.

Die dem Rif vorgelagerte Küste zwischen Targa und Al-Hoceima wurde in der Vergangenheit vor allem zum Drogenschmuggel nach Spanien genutzt und war somit tabu für Urlauber. Doch durch das ehrgeizige Tourismusprojekt Marokko 2010 zur Entwicklung der Mittelmeerküste hat sich dies nun geändert. Endlich, denn hier gibt es paradiesische Landschaften, die bisher vom Tourismus nicht berührt wurden. Auch wenn sich die touristische Infrastruktur in Form von Hotels und Restaurants auf die Regionen nördlich von Targa, rund um Al-Hoceima und östlich von Nador beschränkt, so ist nun die Küstenstraße bis an die algerische Grenze durch-

Bild: Strand von Asilah

DER NORDEN

gehend befahrbar. Sie bietet neben einer phantastischen Bergkulisse wunderschöne Badebuchten und einsame Dörfer. Gerade die Tatsache, dass weite Küstenabschnitte noch nahezu unberührt sind, macht die Nordküste so besonders zauberhaft. Doch nicht nur Badefreunde finden den Norden Marokkos ansprechend. Auch kulturell Interessierte kommen auf ihre Kosten: Tanger, Chefchaouen und Tetouan sind aufregende und wunderbare Orte. Saidia und die kleinen Ferienorte östlich von Nador entwickeln sich langsam zu netten Ferienzentren.

Die Menschen des Nordens sind zum größten Teil Bauern, die meist unter der Armutsgrenze leben. 2004 wurde die Region von einem Erdbeben heimgesucht, das viele Dörfer zerstörte. Doch langsam erholen sich die Nordmarokkaner wieder – und profitieren vom Entwicklungsplan.

AL-HOCEIMA

[124–125 C–D2] Der beliebte Ferienort (60 000 Ew.) am Mittelmeer lockt vor allem marokkanische, seltener europäische Touristen an. Die Stadt liegt malerisch auf einem Plateau, das steil ins Meer abfällt. Rund um Al-Hoceima befinden sich schöne Strände, einige sind während der Saison (Mai bis Oktober, vor allem aber Juli und August) überlaufen, andere sind ganzjährig wenig besucht.

Die Stadt bietet keinerlei historische Bauten, besitzt aber ein reizvolles Zentrum, das 1925 von den Spaniern gegründet wurde. Außerhalb der Saison ist das Städtchen sehr ruhig, und nur wenige Hotels haben geöffnet.

SEHENSWERTES

Schön ist der Hafen. In den frühen Morgenstunden kehren die Fischer zurück und bieten ihren Fang frisch zum Verkauf an.

ESSEN & TRINKEN

Rund um die *Place du Rif*, den zentralen Platz im Ortskern, finden Sie kleine Restaurants. Direkt am Hafen gibt es eine Handvoll weiterer kleiner und meist auf Fisch spezialisierter Lokale.

Wenn Sie schöne Strände suchen, sind Sie in Al-Hoceima richtig

ÜBERNACHTEN

Einige kleinere, einfache Hotels sind im Zentrum von Al-Hoceima angesiedelt. Etwa 6 km außerhalb des Städtchens befindet sich der ganzjährig geöffnete

COMPLEXE CHAFARINA'S BEACH
Das in den Berg gebaute Hotel liegt oberhalb eines schönen Strands. 32 wunderbare Suiten mit Bar, ein Restaurant und ein Swimmingpool erfreuen die Gäste – und schonen den Geldbeutel.*Plage Tala Youssef | Tel. 05 39 84 16 01 | www.complexechafarinasbeach.com* | €–€€

STRÄNDE
Hausstrand ist der Quemado-Strand. Im Hochsommer ist er überlaufen, ansonsten sauber und schön. Nahe der Stadt gibt es jede Menge Strände, wie z.B. den schönen Strand von Ajdir oder die *Plage al Jamil* am östlichen Ortseingang von Al-Hoceima.

AUSKUNFT
Rue Tariq ibn Ziyad | Tel. 05 39 98 28 30

ZIELE IN DER UMGEBUNG

GORGES DU ZEGZEL [125 E2]
220 km südöstlich von Al-Hoceima, 20 km südlich der Stadt *Berkane*, befinden sich die Berge der Beni Snassen, Ausläufer des Mittleren Atlas. Hier hindurch führt die malerische Zegzel-Schlucht. Eine kleine Teerstraße folgt dem Flusslauf und führt zur Kamel- und Taubengrotte. Leider kann man beide Höhlen nicht besichtigen. Übernachten können Sie am besten in der Provinzhauptstadt *Oujda* im bewährten Hotel *Ibis Moussafir | 74 Zi. | Tel. 05 36 68 82 02 | Fax 05 36 68 82 08 | www.ibishotel.com* | €€.

NADOR [125 D2]
Diese aufstrebende Stadt 170 km östlich von Al-Hoceima ist vor allem wegen ihres Hafens und der Nähe zur spanischen Enklave Melilla von Bedeutung. Die Stadt (260 000 Ew.) lebt vom Handel und vom Durchgangsverkehr. Übernachtung im im marokkanisch-stilvollen Hotel *Babel | 41 Zi., 9 Suiten | Boulevard Sid Mohamed | Tel. 05 36 60 67 07 | www.hotelbabel.com* | €.

CHEFCHAOUEN

[124 B2] ★ **Chefchaouen (48 000 Ew.) gehört zu den malerischsten Zielen in Marokko: Pittoresk liegt der Ort zwischen den Gipfeln des Jbel Kalaa und des Jbel Meggou auf 600 m Höhe.** Der alte Ortskern ist durchzogen von kleinen Gassen mit weiß gekalkten Häusern und blauen Türen. Vor allem am späten Nachmittag ergeben sich phantastische Farbspiele.

Die Stadt wurde im 15. Jh. von Muslimen gegründet, die aus Spanien im Rahmen der Reconquista geflohen waren. Bis 1920 war der Zutritt für Nichtmuslime verboten. Heute findet man hier vor allem jugendliches Publikum aus aller Welt, das die Atmosphäre der Stadt prägt.

MARCO POLO HIGHLIGHTS

★ **Chefchaouen**
Die malerische Stadt mit wechselvoller Geschichte wird von der Unesco geschützt (Seite 33)

★ **Medina von Tetouan**
Kleine Gassen winden sich durch die Stadt und lassen Besucher tief ins Land eintauchen (Seite 39)

CHEFCHAOUEN

Altstadtgasse in Chefchaouen

SEHENSWERTES

MEDINA

Die einzigartige Architektur der Häuser sowie die hübschen Plätze machen die Medina zu einer der schönsten von Marokko. Es gibt eine Kasbah zu besichtigen, die aus einem Garten und dem *Dar el Makhzan*, dem ehemaligen Regierungspalast aus dem 17. Jh., besteht.

MUSÉE ETHNOGRAPHIQUE

Kleines, aber feines Volkskundemuseum in der Medina, in dem u.a. Musikinstrumente und Hochzeitsausstattungen gezeigt werden. Außerdem ist hier das Archiv für Arabisch-Andalusische Geschichte untergebracht. *Tgl. 9–13 und 15–17 Uhr | Eintritt 10 DH*

ESSEN & TRINKEN

Jede Menge kleiner Restaurants befinden sich rund um den Platz *Outa el Hammam* im Zentrum der Medina. Sehr gut speisen kann man außerdem im Hotel Casa Hassan (s. u.) sowie in dem kleinen und einfachen Café *Tounssi* direkt an den Wasserfällen.

EINKAUFEN

Montags und donnerstags ist Markt auf dem Platz, der die Medina von der Neustadt trennt.

ÜBERNACHTEN

In der Altstadt finden Sie viele kleine, gemütliche Pensionen der Kategorie €.

CASA HASSAN

Schönes Riad im Herzen der Stadt, liebevoll eingerichtet, ruhig und angenehm, für das Gebotene jedoch ein wenig überteuert. Sehr gut besucht, eine Reservierung ist angebracht. *22 Zi. | 22 Rue Targui | Tel. 05 39 98 61 53 | Fax 05 39 98 81 96 | www.casahassan.com* | €€

der Tipp **DAR BAIBOU**

Direkt neben dem Casa Hassan mit gleichem Besitzer. Das Dar Baibou ist neuer, hübscher und gemütlicher. Die Preise und Adressen sind gleich, das, was geboten wird, aber besser! *15 Zi.* | €€

TANGER

[124 B1] **Dem „Tor zu Afrika" haftet bis heute ein zweifelhafter Ruf an. Vor 100 Jahren, als Tanger eine internationale Freihandelszone war, galt es als Ziel von Agenten, Glücksspielern und Drogenbossen.** Danach war es jahrzehntelang Ziel zahlreicher Aussteiger, allen voran Paul Bowles, Truman Capote und André Gide. Auch wenn diese Zeit vorbei ist, spürt man doch das Flair vergangener Tage.

Jahrzehntelang wurde Tanger (700000 Ew.) systematisch vernachlässigt. Das hat sich im Rahmen des Wettbewerbs um den Austragungsort der Weltausstellung 2012 geändert. Und auch wenn Tanger diesen Wettbewerb verloren hat (Austragungsort ist Yeosu in Korea), so hat die großzügige Investition in die Infrastruktur der Stadt gut getan. Doch so modern nun vieles wirkt, im Gassenlabyrinth der Medina scheint die Zeit stehengeblieben zu sein. Von der Kasbah blickt man auf die grünen Hügel mit ihren Supervillen. In keiner Stadt Marokkos sind die sozialen Unterschiede so groß wie in Tanger.

SEHENSWERTES

GRAND UND PETIT SOCCO

Der Große und der Kleine Markt sind Plätze, von Cafés umgeben und Schauplatz regen Handels.

KASBAH

Am höchsten Punkt der Medina liegt die Kasbah, in der sich auch die ehemalige Königsresidenz befindet. Sie wurde im 17. Jh. gegründet. Eine kleine Terrasse schließt sich an,

> BLOGS & PODCASTS

Gute Tagebücher und Files im Internet

- *http://moroccotraveldiaries.wordpress.com* – sehr informativer Reiseblog
- *www.marocblog.de* – eher ein Journal in Blogform mit vielen interessanten Beiträgen rund um Marokko
- *http://moroccankitchen.blogspot.com* – der Untertitel verrät eigentlich alles: Teaching and sharing the wonderful food in Fes! Hier geht es ums Essen, noch mal ums Essen und noch mal ums Essen! Yammi!
- *http://presdupuitsinmorocco.blogspot.com* – ein junges französisches Paar hat sich ein Haus in der Nähe von Fès gekauft. Man erlebt im Blog deren Freud und Leid mit diesem Haus auf sehr sympathische Weise.

Für den Inhalt der Blogs & Podcasts übernimmt die MARCO POLO Redaktion keine Verantwortung.

von der man über die Bucht von Tanger bis zur Südspitze Europas blickt.

MUSÉE DE LA KASBAH

Nicht nur das Gebäude an sich ist sehenswert, auch die ethnografische Ausstellung lohnt einen Besuch. *Mi–Mo 9.30–12.30 und 15–17.30 Uhr | Eintritt 10 DH*

PLACE MOHAMMED V

Rund um das Herz der Neustadt reihen sich Kaffeehäuser aneinander, darunter das *Café de Paris*, Tangers ältestes Café. Hier befindet sich auch die *Terrasse des Paresseux* mit Blick auf den Hafen.

QUARTIER MARSHAN

Westlich an die Altstadt schließt sich das schöne Viertel mit seinen alten Palästen und Villen an.

Alles frisch: Obstangebot in Tanger

ESSEN & TRINKEN

Einfache Fischrestaurants mit leckeren Gerichten (€–€€) gibt es direkt am Strand an der Corniche. Einfache Restaurants liegen rund um den Grand Socco.

CAFÉ COLON

Das legendäre Filmcafé aus Bernardo Bertoluccis Film „Himmel über der Wüste" wurde komplett renoviert. Dennoch: Wer einen Hauch des Films spüren möchte, kann dies hier. *Rue de la Kasbah* | €

RESTAURANT DES HOTELS CONTINENTAL

Das Essen ist sicherlich keine Offenbarung, auch wenn es gut und schmackhaft ist. Das Besondere hier ist die authentische Atmosphäre aus dem frühen 20. Jh. Wunderschön! *Tel. 05 39 93 10 24* | €€

RESTAURANT DES RIAD TANJA

Insider Tipp

Der Insidertipp für Tanger schlechthin! Bestes marokkanisches Essen in einem herrlichen Ambiente zu einem unschlagbaren Preis-Leistungs-Verhältnis. Ein Menü mit 5 kalten und 7 warmen Vorspeisen, mit einem Hauptgericht und Dessert kostet nicht mehr als 30 Euro und ist umwerfend! *Tel. 05 39 33 35 38* | €€

LE SAVEUR MEDITERRANÉ

Klein, fein, einfach, lecker! *Escalier Waller | Tel. 05 39 33 63 26* | €

CAFÉ TINGIS

Dies ist eines der wenigen noch ursprünglichen Cafés von Tanger. Hübsch am Petit Socco gelegen, kann man hier seinen Café schlürfen.

Im Hafen von Tanger machen auch Fähren aus Südspanien fest

EINKAUFEN

Das Souvenirgeschäft im Hotel Continental bietet schöne Dinge zu fairen Festpreisen. Lebensmittel und Dinge des alltäglichen Bedarfs finden Sie auf dem Sonntagsmarkt beim Grand Socco.

ÜBERNACHTEN

Entlang der Corniche gibt es jede Menge Drei- und Viersternehotels, in der Altstadt sehr einfache Hotels ab 5 Euro/Zimmer.

CONTINENTAL

Das älteste Hotel der Stadt (erbaut 1888) glänzt nicht nur mit viel Stil und Geschichte, sondern ist nach Abschluss der Renovierung 2007 auch wieder uneingeschränkt zu empfehlen. Zimmer mit Blick auf den Hafen unbedingt vorher reservieren. *52 Zi. | 36 Dar el Baroud | Tel. 05 39 93 10 24 | Fax 05 39 93 11 43 | hcontinental@iam.net.ma* | €€

RIAD DAR SULTAN

Insider Tipp

Neu eröffneter, sehr schickes Riad in einem 300-jährigen Stadthaus inmitten der Kasbah, ganz nahe beim Museum. Nicht nur die Lage ist einmalig, auch die Einrichtung sowie der Blick von der Dachterrasse auf die Medina und die Bucht von Tanger ist wirklich grandios. *7 Suiten | Tel. 05 39 33 60 61 | www.darsultan.com* | €€€

RIAD TANJA

Insider Tipp

Sehr schönes Riad im Herzen der Altstadt, das liebevoll und mit viel Bedacht geführt wird. Zimmer mit sehr schönem Blick nach draußen, wunderbar stilvoll eingerichtet mit vielen kleinen Details und hervorragendem Restaurant. *5 Zi. | Rue du Portugal | Tel. 05 39 33 35 38 | www.riadtanja.com* | €€

FREIZEIT & SPORT

Beim Mövenpickhotel am östlichen Ende der Bucht werden Surfbretter und Jetski verliehen (600 DH/Std.).

STRÄNDE

Der Stadtstrand ist feinkörnig, sauber und strahlend weiß. Das Wasser ist klar, aber leider nicht allzu sauber. Schön sind die Strände von *Cap Malabata*, 14 km entfernt.

AM ABEND

Wenn der Tag zu Ende geht, flaniert man in Tanger. Ansonsten gibt es am *Boulevard Pasteur* und in dessen Seitenstraßen Nachtclubs und Hoteldiskotheken.

>LOW BUDGET

- Die ganz alltäglichen Dinge, Lebensmittel, Hygieneartikel, aber auch Kleidung etc. bekommt man am günstigsten direkt auf dem Sonntagsmarkt am Grand Socco.
- Das kleine Hotel Ouarzazat in Chefchaouen *(9 Zi. | Avenue Alkharazine | Tel. 05 39 98 89 90)* ist sehr einfach, aber mit 15 Euro für ein Doppelzimmer mit Bad sensationell im Preis-Leistungs-Verhältnis, denn die Zimmer sind sauber und hübsch.
- Sehr einfach, aber sauber und irgendwie stimmungsvoll ist das Hotel *Mauritania* in Tangers Altstadt *(Tel. 05 39 93 46 77)*. Es hat keine Bäder, dafür ist das Hammam gleich um die Ecke. Und bei 9 Euro für das Doppelzimmer mit Balkon kann man wirklich nichts sagen!

AUSKUNFT

Boulevard Pasteur | Tel. 05 39 94 86 61 | Fax 05 39 94 80 50

ZIELE IN DER UMGEBUNG

ASILAH [124 A1]

Wer Lust auf erholsame Ferien am Atlantik hat, ist hier, ungefähr 46 km südwestlich von Tanger, goldrichtig: Die Menschen in Asilah (25 000 Ew.) sind freundlich und zurückhaltend, der Sandstrand ist weiß und sauber. Die Altstadt von Asilah ist in den Farben Türkis, Blau und Weiß gehalten. Künstler haben die Hauswände bemalt, und überall gibt es gemütliche Cafés im Freien unter schattigen Bäumen. Lohnend ist neben dem Besuch der Altstadt, deren Umfassungsmauer aus dem 15. Jh. stammt, auch der Besuch des Internationalen Begegnungszentrums Hassan II. Hier finden regelmäßig interessante Ausstellungen statt. Im August, während des Kunstfestivals, sind die meisten Hotels jedoch ausgebucht. Früh reservieren! Übernachten können Sie im Hotel *Quad el Makhazine (41 Zi. | Avenue Melilla | Tel. 05 39 41 70 90 | €€)*. Essen können Sie sowohl dort als auch in den vielen kleinen Restaurants in der Stadt.

CAP SPARTEL UND GROTTES D'HERCULE [124 B1]

Am Cap Spartel, 14 km westlich von Tanger, vermischen sich Mittelmeer und Atlantik. Leider ist das Gebiet militärisch abgeriegelt, sodass man den Zusammenfluss nur aus der Ferne sehen kann. 4 km vom Cap entfernt befinden sich die *Grottes d'Hercule*, die Herkulesgrotten, in denen der Held der griechischen Mythologie gelebt haben soll, nachdem er die Meerenge von Gibraltar (im Altertum Säulen des Herkules genannt) geschaffen hatte.

LIXUS **[124 A2]**

Die frühesten Mauern der Ausgrabungsstätte 84 km südwestlich von Tanger gehen bis ins 11. Jh. v. Chr. zurück, als der Ort eine phönizische Siedlung war. Später wurde die Stadt ein karthagischer Stützpunkt, dann eine römische Kolonie. Lixus war bis ins 5. Jh. n. Chr. besiedelt. Die meisten Ruinenreste stammen aus dem 2./3. Jh. Neben Volubilis ist Lixus eher unbedeutend, doch lohnt der Besuch für Liebhaber römischer Ruinen, zumal sie mit einem Superlativ aufwarten können: Im Südteil der Unterstadt liegen Reste einer Fischverarbeitungsanlage, die man noch gut erkennen kann. Es sind die größten ihrer Art weltweit.

TETOUAN **[124 B1]**

Tetouan (435 000 Ew.) liegt am westlichen Ausläufer des Rif-Gebirges, 40 km südöstlich von Tanger, auf einem Hochplateau – und hat einen schlechten Ruf, gerade bei Marokkoneulingen. Kein Wunder, denn es gibt hier vergleichsweise viele Haschischdealer, Taschendiebe und *Faux Guides*. Dennoch sollten Sie sich – mit einem Führer an Ihrer Seite – auf keinen Fall die ★ *Medina von Tetouan* entgehen lassen, die von der Unesco seit 1997 als Welterbe geschützt wird. Weiße Gassen werden von gemauerten Torbögen überspannt und winden sich in sanften Kurven durch die Stadt.

Nicht weit von den durchaus lohnenswerten Suqs entfernt befindet sich das ehemalige Judenviertel, die Mellah. Sie ist hauptsächlich interessant wegen der schönen Architektur dieses Stadtteils, der stark andalusisch geprägt ist. Er wurde Anfang des 19 Jhs. angelegt und beherbergt einige Synagogen, die man besichtigen kann.

Schön bunt: Hauswand in Asilah

Unterkunft finden Sie im Hotel *Chems (74 Zi. | 3 km außerhalb von Tetouan Richtung Martil | Tel. 05 39 99 09 01 | €€)*. Essen können Sie in den vielen kleinen Restaurants rund um die *Place Hassan II.*

> KÖNIGSSTÄDTE, HOCHGEBIRGE UND ATLANTIK

Strände im Westen, die früheren Hauptstädte islamischer Herrscher und abwechslungsreiche Natur

> Zentralmarokko ist das grüne Herz des Landes. Es grenzt im Norden an das Rif-Gebirge und zieht sich im Süden bis zu den Gipfeln des Hohen Atlas. Der Mittlere Atlas bildet das Zentrum dieser Region. Sie wird von Hunderten von Kilometern Atlantikküste im Westen begrenzt, wo sich ein herrlicher Badestrand an den anderen reiht.

Hier gibt es größere und kleinere landwirtschaftliche Betriebe, die so ziemlich alles anbauen, was in diesem Land wächst: Obst, Gemüse und Getreide. Rund um die Stadt Meknès gibt es ein ausgedehntes Weinanbaugebiet, denn trotz des im Islam verankerten Alkoholverbots kann Marokko auf eine lange Geschichte des Weinanbaus zurückblicken – sie begann mit den Phöniziern und ist bis heute lebendig.

Der Mittlere Atlas war einst die Heimat von Dinosauriern, von denen es auch heute noch Spuren gibt. Man

Bild: Fès, Kairaouyine-Moschee

ZENTRAL MAROKKO

findet immer wieder versteinerte Tiere und Pflanzen – bei Wanderungen im Mittleren Atlas oder aber bei pfiffigen Händlern rechts und links der Straßen. Doch Vorsicht: Nicht alle hier angebotenen Versteinerungen sind echt.

Weit jüngeren Datums als die Fossilien des Mittleren und Hohen Atlas sind die sogenannten Königsstädte: Fès, Rabat, Marrakech und Meknès – alle vier sind in Zentralmarokko angesiedelt. Sie gehören ins klassische Rundreiseprogramm aller Veranstalter. Der Begriff Königsstädte ist insofern irreführend, als es in Marokko erst seit 1957 Könige gibt. Bis dahin herrschten Sultane.

CASABLANCA

[122 C4] **„You must remember this, a kiss is just a kiss ...“: Der Film mit Ingrid Bergman und Humphrey Bogart lässt**

CASABLANCA

Beeindruckende Architektur: die Mosquée Hassan II in Casablanca

jeden, der an Casablanca denkt, nostalgisch werden. Dabei ist Casablanca das Gegenteil dessen, was der Film ausstrahlt: eine Industriestadt mit 6 Mio. Einwohnern, sozialen Missständen, vierspurigen Straßen, die das Herz der Stadt zerschneiden – und einer kleinen, unbedeutenden Medina, die längst nicht mehr ins Ambiente der größten Stadt des Landes passt.

Die wechselvolle Geschichte des „Weißen Hauses" – denn das bedeutet *casa blanca* – geht zurück bis in die Altsteinzeit. Doch das, was man heute hier an älterer Bausubstanz vorfindet, stammt aus der französischen Protektoratszeit. Ein Aufenthalt lohnt hier kaum. Die Hauptattraktion der Stadt, die Mosquée Hassan II, kann bequem als Tagesausflug von Rabat aus besucht werden.

SEHENSWERTES

MOSQUÉE HASSAN II ★

Die Moschee gilt seit ihrer Fertigstellung 1993 als Wahrzeichen der Stadt. Sie fasst 100000 Menschen und ist bis heute umstritten. Das liegt auch daran, dass die Marokkaner sich finanziell am Bau beteiligen mussten – nicht jede Familie konnte das.

Die Moschee ist auf Pfeilern ins Meer gebaut und weist eine beeindruckende Architektur auf. Sie umfasst neben dem Gebetssaal ein fast 200 m hohes Minarett, von dem ein Laserstrahl gen Mekka weist. *Sa–Do 9, 10, 11 und 14 Uhr (mit Führung) | Eintritt 100 DH*

VILLA DES ARTS (FONDATION ONA)

Moderne marokkanische Kunst, untergebracht in einem sehr schön renovierten Art-déco-Haus aus den 1930er-Jahren mit Café. *Di–Sa 11–19 Uhr | Boulevard Brahim Roudani | Eintritt 10 DH*

ESSEN & TRINKEN

Rund um die *Place des Nations Unies* gibt es kleine Restaurants, die gutes, frisches Essen zu geringen Preisen anbieten. Gute Fischrestaurants der mittleren bis oberen Preisklasse befinden sich entlang der Corniche in *Ain Diab.*

AL MOUNIA

Sehr hübsches, typisch marokkanisch eingerichtetes Restaurant mit ausgezeichneten Speisen. Gutes Preis-Leistungs-Verhältnis. *Rue Prince My Abdellah | Tel. 05 22 22 26 69 |* €€€

LA SCALA

Ein weiteres gutes, vor allem von der Oberschicht Casablancas aufgesuchtes Restaurant mit marokkanischer Küche. *Boulevard des Almohades | Tel. 05 22 26 09 60 |* €€–€€€

RICK'S CAFÉ

Kathy Kriger, eine ehemalige Angestellte des amerikanischen Konsulats in Casablanca, hat das legendäre Filmcafé aus „Casablanca" Wirklichkeit werden lassen. In einem alten Palais inmitten der Medina hat sie es im Stil der (marokkanisch-internationalen) 1940er-Jahre gebaut, hat Filmassecoirs aufgetrieben und so eine wunderbare Pianobar mit ausgezeichnetem Restaurant geschaffen. *248 Boulevard Sour Jedid | Place du Jardin Public | Tel. 05 22 27 42 07 | www.rickscafe.ma |* €€€

EINKAUFEN

Im Stadtviertel Habbous finden Sie schöne Gemüse- und Kunsthandwerksmärkte sowie einige Antiquitätenläden mit interessanten Angeboten.

ÜBERNACHTEN

IBIS CASABLANCA SIDI MAAROUF

Funkelnagelneues Ibis-Hotel ein wenig am Stadtrand, aber im Geschäftszentrum und vor allem nahe am Flughafen! *85 Zi. | La ColineSidi Maarouf | Tel. 05 22 58 23 70 | www.ibishotels.com |* €–€€

LE ROYAL MANSOUR MERIDIEN

Traumhaftes Hotel wie aus Tausendundeiner Nacht. Prunkvolle Lobby, 182 herrschaftliche Zimmer und Suiten und aller Luxus, den man in dieser

MARCO POLO HIGHLIGHTS

★ **Mosquée Hassan II**
Die größte Moschee außerhalb Mekkas steht in Casablanca (Seite 42)

★ **Mazagan**
Das portugiesische Viertel von El-Jadida liegt fern der Touristenströme (Seite 44)

★ **Medina**
Künstlermetropole: die Altstadt von Essaouira (Seite 45)

★ **Fès el Bali**
Das alte Fès bezaubert durch seinen Flair (Seite 48)

★ **Djemaa el Fna**
Der Gauklerplatz in Marrakech ist ein Erlebnis für alle Sinne (Seite 53)

★ **Madrasa Ben Youssef**
Die Koranschule in Marrakech zeigt merinidische Baukunst (Seite 54)

★ **Volubilis**
Marokkos einzige gut erhaltene römische Ausgrabungsstätte (Seite 60)

★ **Kasbah Oudaya**
Schöne Festung in der alten Stadtmauer von Rabat (Seite 60)

Preisklasse erwarten kann. *27 Avenue de l'Armée Royale | (Stadtzentrum) | Tel. 05 22 31 30 11 | www.lemeridien.com | €€€*

STRÄNDE

In den Vierteln *Ain Diab* und *Anfa* befinden sich die bei den Beidawis, wie die Einwohner Casablancas genannt werden, beliebtesten Strände: laut, lebendig und nicht ganz sauber.

AM ABEND

Das Strandviertel *Ain Diab* ist das Vergnügungsviertel der Stadt, mit In-Diskos, Bars, Eisdielen etc.

AUSKUNFT

Rue Omar Slaoui | Tel. 05 22 27 11 77

>LOW BUDGET

- Wer sich den Stadtführer in *Fès* sparen möchte, braucht ein wenig Orientierungssinn und wachsame Augen! Die Altstadt von Fès ist nämlich mit Wegweisern ausgestattet, die die individuell Reisenden wie ein Leitsystem durch das Labyrinth der Medina führen.
- Was in Marokko sonst eher unüblich, kann man in Essaouira: Für kleinstes Geld einkaufen. Wer z. B. einmal das eigentlich teure Arganienöl probieren möchte, kann es in fast jedem der kleinen Suqläden kaufen – für 5 DH das Minitütchen. Auch Olivenöl wird in Miniportionen verkauft.
- Frischen Fisch gut und sehr günstig essen können Sie mittags bei den Fischständen am Flussufer des Bouregreg in Salé bei Rabat. Preis unbedingt vorher aushandeln!

ZIELE IN DER UMGEBUNG

AZEMMOUR [122 C4]

Dass diese Stadt vom Tourismus nicht entdeckt worden ist, ist unverständlich, macht sie aber um so sympathischer. Sehenswert ist die portugiesische Festung sowie die ursprüngliche Medina, an die sich ein lebendiger, landestypischer Suq anschließt. Herrschaftlich und mit viel Atmospäre wohnen kann man im Riad Azama Insider Tipp *(6 Zi. | Impasse Ben Tahar 17 | Tel./Fax 05 23 34 75 16 | www.riadazama.com | €–€€).*

EL-JADIDA [122 B4]

Die einst schäbige Hafenstadt (400000 Einw.) hat sich mit Marmor und Glas mächtig herausgeputzt. Kein Wunder: Der Küstenstreifen soll Marokkos neue Feriendestination werden, mit El-Jadida als Zentrum. Ein Muss ist der Besuch der gut erhaltenen Festung ★ *Mazagan*, der sogenannten *Cité Portugaise* aus dem 16. Jh., heute Weltkulturerbe. Imposant: die Zisterne mit dem gotischen Kreuzrippengewölbe. Immer im Juli und August finden Musik- und Theaterfestivals mit internationaler Beteiligung statt. Preiswert, sauber und zentral wohnen Sie im *Hôtel de Provence (15 Zi. | Avenue Mohammed Rafii | Tel. 05 23 34 23 47 | Fax 05 23 35 21 15 | €).*

ESSAOUIRA

[127 E1] Windy City, Künstlermetropole, Mogador: Essaouira (80000 Ew.) hat viele Namen, je nachdem, von welchem Gesichtspunkt man es betrachtet. ▶▶ Die Stadt ist ein Surfer-, ein Aussteiger- und ein Künstlerparadies. Sie wurde

1773 von den Portugiesen unter dem Namen Mogador gegründet, auch wenn die Besiedlungsgeschichte bis in die Römerzeit zurückreicht. Eine alte Festung mit den dazugehörenden Anlagen umfasst die zauberhafte Altstadt, durch die sich unzählige Gassen ziehen. Hier befinden sich kleine Hotels, die liebevoll in alten Stadthäusern untergebracht sind, Fischrestaurants und jede Menge kleiner Läden, die zum Souvenirkauf in entspannter Atmosphäre einladen.

SEHENSWERTES

FORT DES PORTUGAISES

Die portugiesische Festung aus dem 18. Jh. ist von Türmen flankiert. Original erhalten sind neben den Mauern die Bronzekanonen, die in Spanien hergestellt wurden.

MEDINA ★

Die Medina zeichnet sich durch enge Gassen und kleine Plätze aus, die häufig von Gummibäumen umgeben sind. Es gibt einen sehr lebendigen Suq und viele Galerien, sodass sich Kunstinteressierte tagelang hier aufhalten können.

PLACE MOULAY HASSAN

Das Herz der Stadt ist umrandet von hübschen Cafés, alten Bäumen und einem Teil der Stadtmauer.

PORT DE PÊCHE

Hunderte Boote liegen dicht nebeneinander im Fischereihafen. Einfahrende Fischkutter, die vor allem in den Nachmittagsstunden vom Sardinenfang zurückkehren, verkaufen frischen Fisch direkt vom Boot aus.

Hafen von Essaouira: Funktionstüchtige Netze sind Voraussetzung für einen guten Fang

ESSEN & TRINKEN

Den frischesten Fisch in Essaouira bekommen Sie zwischen der *Place Moulay Hassan* und dem Hafen in den kleinen Buden: Hier grillt man Fisch, Calamari und Shrimps direkt vor Ort. Vorsicht: Die Preise sollten Sie vorher absprechen! *Nur mittags geöffnet*

BELDY

Einfaches, aber sehr schön eingerichtetes Restaurant mit diversen frisch zubereiteten Tajines. *6 Rue Ibn Toumert | Tel. 05 24 47 61 85 | €*

IL MARE

Ein schickes italienisches Restaurant mit herrlicher Terrasse direkt an der Stadtmauer, dem eine Bar und Diskothek angeschlossen ist. *43 Rue Yamen | Skala | Tel. 024 47 64 17 | €€€*

VILLA MAROC

Auf Vorbestellung bekommen Sie in diesem Hotel ausgesprochen gutes Essen. Es gibt nur jeweils ein Menü, das aber täglich wechselt. *10 Rue Abdallah Yassine | Tel. 05 24 47 31 47 | €€€*

EINKAUFEN

Bekannt ist Essaouira vor allem für seine vielen Galerien, wo Sie Originale zu günstigen Preisen erhalten. Beliebt sind auch die Holzarbeiten aus Thuja. Schöne Werkstätten finden Sie entlang der Skala. Markt findet etwas außerhalb nördlich des Busbahnhofs jeden Sonntag statt.

ÜBERNACHTEN

In Essaouira kann man Zimmer und ganze, bisweilen stilvoll restaurierte Wohnungen inmitten der Altstadt oder moderne Wohnungen in der Neustadt und am Strand mieten. Unter deutscher Leitung steht die Appartementvermittlung *Essaouira Net (Rue Tensift | Tel. 05 24 47 34 61 | www.essaouiranet.com | €–€€€).*

DAR NESS

Von allen Riads liegt dieses wohl am zentralsten. Direkt am Platz und dennoch herrlich ruhig. Schöne Terrasse mit Blick auf das Zentrum und das

> DIE GNAOUA

Geisterglaube und Musik

Essaouira ist das Zentrum der Gnaoua, eines mystischen Ordens aus dem 17. Jh. Sie kamen als Sklaven im 16. Jh. von Mali nach Marokko, und wie alle Sklaven brachten sie ihre Musik und ihre Religion mit. Zu ihrem Glauben gehört die Annahme, dass Geister die Erde beleben und meist negativen Einfluss auf die Menschen nehmen. Man kann sie jedoch durch Musik besänftigen. Gnaoua singen, wenn sie Geister vertreiben, 22 Lieder mit insgesamt 800 Strophen. Jedes Lied steht für eine Familie, die zur Musik szenisch dargestellt wird. Die Musik hat den Nerv unserer Zeit getroffen, und so findet jedes Jahr im Juni, gesponsert von internationalen Plattenfirmen, das große Gnaoua Festival in Essaouira statt.

Meer – stilvoll eingerichtet und liebevoll geführt. *9 Zi. | 1 Rue Khalid ben Walid | Tel./Fax 05 24 47 68 04 | www.darness-essaouira.com | €€–€€€*

Insider Tipp

LALLA MIRA

Das erste Biohotel Marokkos, untergebracht in einem alten Stadthaus, ist nicht nur schön, sondern besticht vor allem durch sein freundliches Personal. Für Hotelgäste ist die Benutzung des Hammams kostenlos. Es gibt sehr gutes Frühstück, ausgezeichnetes biologisches Essen und ein Preis-Leistungs-Verhältnis, das überzeugt. *13 Zi. | 14 Rue d'Algérie | nahe Bab Marrakech | Tel. 05 24 47 50 46 | Fax 05 24 47 58 50 | www.lallamira.ma | €€*

LES TERRASSES D'ESSAOUIRA

Im Herzen der Stadt liegt dieses schöne, schlicht-elegante Riad unter französischer Leitung. Gut geführt, freundliche Leute, Zimmer von unterschiedlicher Größe. *15 Suiten | 2 Rue Mohamed Diouri | Tel. 05 24 47 51 14 | www.les-terrasses-essaouira.com | €€*

FREIZEIT & SPORT

Direkt vor den Toren der Stadt liegt ein kilometerlanger, sauberer Sandstrand, der im Süden jedoch intensiv bebaut wird. Hier soll schon 2009 eine komplett neue Ferienanlage stehen. Entlang des Strands von Essaouira gibt es Surfbrettverleiher, Kosten für ein Brett etwa 10 Euro/Std.

Insider Tipp

HAMMAM LALLA MIRA

Essaouiras ältestes Dampfbad wurde liebevoll restauriert. Einst das wichtigste Gnaoua-Ritualbad, arbeitet es heute ausschließlich mit Solarenergie und ist für Frauen von 9.30 bis 19 Uhr, für Männer nur auf Reservierung ab 19 Uhr geöffnet. *Beim Hotel Lalla Mira | Eintritt 10 DH*

Den Haik, das arabische Frauengewand, findet man nur in Essaouira

AM ABEND

Jazzkonzerte finden häufiger im *Café Taros* an der *Place Moulay Hassan* statt, Gnaoua-Musik wird jeden Abend live im Restaurant *La Perle d'Essaouira* nahe dem Uhrturm gespielt.

AUSKUNFT

Zwischen Uhrturm und Stadttor | Tel. 05 24 78 35 32

ZIEL IN DER UMGEBUNG

SIDI KAOUKI ▶▶ **[127 E1]** Insider Tipp

20 km südlich von Essaouira befindet sich das Surferparadies Sidi Kaouki. Der Marabout, der dem Ort seinen Namen gab, liegt direkt am Meer und wird vor allem von Frauen besucht. Sidi Kaouki ist ein ruhiger, herrlicher Ort, fernab von aller Hektik. Dünen säumen kilometerlange Sandstrände. Mehrere kleine

Pensionen bieten Unterkunft, zum Beispiel die sehr schöne, schlichte *Residence Sidi Kaouki | 10 Zi. | Tel. 05 24 78 32 06 | Fax 05 24 47 54 47 | www.sidikaouki.com* | €. Es bestehen regelmäßige Busverbindungen nach Essaouira.

FÈS

[124 B3] **Fès (1,1 Mio. Ew.), die arabischste aller marokkanischen Städte, wird auch gern die Perle des Orients genannt.** Lange Zeit war diese Königsstadt die intellektuelle Hauptstadt des Landes, aus der große Dichter und Denker hervorgingen. Dieses Klima prägt die Stadt bis heute.

Fès, das von oben betrachtet aussieht, als sei es nach dem Vorbild Roms auf sieben Hügeln errichtet worden, schmiegt sich sanft in die Landschaft, die es umgibt, ein. Der älteste Teil der Stadt, ★ *Fès el Bali*, wurde von der Unesco zum kulturellen Welterbe der Menschheit deklariert. Im 8. Jh. gegründet, beherbergt er bis heute den größten Teil der Einwohner, knapp 800 000 Menschen. Hier winden sich unzählige Basargassen, in denen sich die interessantesten Sehenswürdigkeiten der Stadt befinden. Aber auch *Fès el Djedid*, das neue Fès, lohnt die Besichtigung. Es wurde unter merinidischer Herrschaft im 13. Jh. an das alte Viertel angebaut. Hier befinden sich der Königspalast, den man zumindest von außen betrachten kann, wunderschöne Gartenanlagen mit einem Wasserrad und die Mellah, das jüdische Viertel. Für Fès sollten Sie sich ein paar Tage Zeit nehmen. Nur so können Sie richtig eintauchen und

An den grünen Dächern erkennt man sakrale Gebäude, wie hier in Fès el-Bali

der Stadt gerecht werden. Wer das erste Mal durch Fès läuft, tut gut daran, einen Stadtführer anzuheuern, was über das *Office National Marocain du Tourisme* oder die meisten Hotels möglich ist; denn die Gefahr, sich zu verirren, ist groß.

SEHENSWERTES

BAB BOUJELOUD
Das *Blaue Tor* ist das prächtigste Eingangstor zur Altstadt. Außen mit blauen, innen mit grünen Mosaiken verziert, ist es eines der Wahrzeichen der Stadt. *Fès el Bali*

BORJ SUD
Die Festung liegt etwas außerhalb der Stadtmauern. Sie soll angeblich von Sklaven im 16. Jh. errichtet worden sein. Besonders schön ist der Blick von hier auf Fès.

DAR BATHA
In einem alten Wesirspalast ist das größte Museum marokkanischer Kunst untergebracht. *Place Istiqlal | Fès el Djedid | Mi–Mo 8.30–12 und 14.30–18 Uhr | Eintritt 10 DH*

MADRASA ATTARINE
Die Koranschule wurde im 14. Jh. errichtet und zeigt die typischen Verzierungen und Mosaike ihrer Zeit. *Fès el Bali | Eintritt 10 DH*

MADRASA BOU INANIA
Die schöne Koranschule aus dem 14. Jh. wurde jahrelang aufwändig renoviert. Die Böden sind mit Onyx und Marmor ausgelegt, die Stuckaturen an den Wänden aus Gips und Zedernholz. Gegenüber liegt das *Haus des Glockenspiels* von 1357, das mittels Bronzeklöppel und Bronzeschalen die Stunden schlägt. Das Innere ist nicht zugänglich, doch kann man die 13 Fenster, in denen die Bronzeschalen sind, auch von außen gut erkennen.

MOSQUÉE KAIRAOUYINE
Die Kairaouyine-Moschee gilt, zusammen mit der Azhar-Moschee in Kairo, als eine der wichtigsten islamischen Instanzen bei Glaubensfragen. Obschon nicht von innen zu besichtigen, ist die Kairaouyine die wichtigste Sehenswürdigkeit der Stadt. Sie wurde im 9. Jh. gegründet, auch wenn der heute zu sehende Bau aus dem 12. Jh. stammt. Ihren Namen hat die Moschee von dem Viertel, in dem sie errichtet wurde, dem Kairaouyine-Viertel. Die Moschee fasst 20000 Menschen, das Dach wird von 270 Säulen getragen. Sie gilt als einer der schönsten Bauten Marokkos. *Fès el Bali*

PLACE & MUSÉE NEJJARINE
Der kleine Platz der Tischler beherbergt den wohl schönsten Brunnen der Stadt. Hier befindet sich auch eine alte Karawanserei *(Funduq)*, die zu einer Sammlung für Holzkunst umgebaut wurde: Das hübsche Museum zeigt Holzarbeiten (Instrumente, Möbel, Türen etc.). Bereits das Gebäude ist sehenswert, und fast noch schöner ist das Café auf dem Dach des Museums, von dem aus man einen herrlichen Blick hat. *Fès el Bali | tgl. 9–17 Uhr | Eintritt 20 DH*

PLACE SEFFARINE
Hier, auf dem Platz der Kesselmacher, ist es vor allen Dingen eines: laut.

Handwerker fertigen große Töpfe, Schalen und Kannen aus Kupfer, die auf Hochzeiten Verwendung finden. *Fès el Bali*

LA TANNERIE

Immer der Nase nach: So findet man am schnellsten das Gerberviertel *(la Tannerie)*. Bis heute wird hier traditionell mit Vogelmist gegerbt. Die Gerbereien von Fès sind die bekanntesten im Land, wunderbar kann man sie von Terrassen aus betrachten. Die Gerber stehen in bunten Becken und bearbeiten das Leder. Gerben mit den aggressiven Gerbstoffen ist Knochenarbeit, und so ist die Lebenserwartung der Arbeitenden auch entsprechend niedrig. *Fès el Bali*

Im Gerberviertel von Fès entfaltet sich die ganze Farbenpracht des Orients

ZAOUIYA MOULAY IDRIS

Das religiöse Zentrum ist das größte Heiligtum der Stadt, zu dem Jahr für Jahr Tausende von Marokkanern pilgern. Nichtmuslime dürfen nicht hinein. Hier liegt der Staatsgründer Moulay Idris II. begraben, der Vorbeilaufenden selbst durch die Wand seinen Segen geben kann. Das Gebäude entstand im 14. Jh. und wurde 400 Jahre später zum Grabkomplex umgebaut. *Fès el Bali*

ESSEN & TRINKEN

Von ganz besonderem Reiz sind die Teehäuser am Eingang zur Medina, nahe dem *Bab Boujeloud.*

DAR ZIRYAB

Wahrscheinlich das beste marokkanische Essen des Landes finden Sie bei Madame el Hayar im Gästehaus Dar Ziryab. Echte Fassi-Küche, vor allem die Vorspeisen sind phantastisch! *Rue Ibn Badis | Tel. 035 62 15 61* | €€

FÈS ET GESTES Insider Tipp

Ein Salon de Thé der besonderen Art: In einem alten Kolonialhaus mit riesigem Garten, kann man hier in schönem und gediegenem Ambiente eine Teezeremonie genießen, ein kleines Mittagessen zu sich nehmen – oder einfach nur die angeschlossene Kunstgalerie besuchen. *Arsat el Mamoumi | Tel. 05 35 63 85 32 | www.fes-et-gestes.com* | €€

EINKAUFEN

Wunderschöne Teppichläden, wie z.B. das *Palais de Fès* oder das *Palais Dar Ibn Khaldun*, untergebracht in alten Palästen der Altstadt, sind die attraktivsten Geschäfte der Stadt. Gut gearbeitete Lederwaren finden Sie in den Läden in der Nähe der Gerbereien. Frisches Obst und Gemüse gibt es nahe dem *Bab Boujeloud*, Richtung Bab Chorfa.

ÜBERNACHTEN

In der Neustadt gibt es Hotels ab 10 Euro/Zimmer.

BATHA

Inmitten der Altstadt, untergebracht im ehemaligen französischen Konsulat. Saubere Zimmer, kleiner Pool, gemütlich. Bestes Preis-Leistungs-Verhältnis. *61 Zi. | Place Istiqlal | Tel. 055 63 48 60 | Fax 055 74 10 78 | hotelbatha@menara.ma* | €€

DAR ZIRYAB

Insider Tipp

Außergewöhnlich schönes Gästehaus in der Neustadt. Der sehr gut Deutsch sprechende Besitzer Jalil el Hayar hat das Dar Ziryab mit zeitgenössischer Kunst, viel Geschmack und Liebe eingerichtet. *8 Zi. | Rue Ibn Badis | Tel. 035 62 15 61 | Fax 035 62 31 67 | www.darziryab.com* | €€–€€€

RIAD ATTARINE

Insider Tipp

Zauberhaftes altes Stadthaus in der unteren Medina. Die sechs Zimmer wurden alle individuell hergerichtet und das Besitzerehepaar kümmert sich liebevoll um die Gäste. Es gibt auf Vorbestellung abends gemeinsames Essen mit allen Gästen – was eine sehr familiäre Atmosphäre mit sich bringt. *Bouajjara, Bab el Djedid | Tel./Fax 035 63 50 45 | www.riadattarine.com* | €€–€€€

RIAD LUNE ET SOLEIL

Kleines, feines Riad unter deutsch-französischer Leitung, sehr sympa-

> BÜCHER & FILME

Marokko in Wort und Bild

- **Sohn ihres Vaters** – sensibles Porträt einer marokkanischen Familie, die versucht, ihre Tochter als Jungen aufwachsen zu lassen, um das Erbrecht zu umgehen, von Tahar Ben Jelloun.
- **Ein Leben voller Fallgruben** – Driss Charhadi beschreibt in seinem Roman die erschütternde Geschichte eines kleinen Jungen, der seinen Weg allein finden muss.
- **Das schlafende Kind / Die große Reise** – Marokkanische Spielfilme findet man in Deutschland nur mit deutschen Untertiteln, diese sind zwei der besten. In den sehr sensibel erzählten Filmen, die mit gigantischen Bildern bestechen, geht es um Emigrantenschicksale. „Das schlafende Kind" ist die Geschichte einer im Land gebliebenen Frau und ihrem Leben allein in Marokko. „Die große Reise" erzählt von der Begegnung eines Vaters mit seinem Sohn und dem Graben, der durch ihre Emigrantensituation entstanden ist.
- **Himmel über der Wüste** – Bowles und Bertoluccis Meisterwerk erzählt zwar von einem amerikanischen Beziehungsdrama und ist voller Klischees, aber wegen der atemberaubenden marokkanischen Kulisse dennoch sehenswert.

thisch. *4 Zi., 2 Suiten | Batha | Tel. 05 35 63 45 23 | www.luneetsoleil.com | €€*

AUSKUNFT

Boulevard Mohammed V | Tel. 05 35 62 34 60

ZIELE IN DER UMGEBUNG

AZROU [124 B4]

1250 m über dem Meeresspiegel gelegen, ist Azrou mit seinen 40 000 Einwohnern ein herrlicher Ort, um der Hektik der Stadt zu entfliehen. Von hier aus können Sie Wanderungen im Mittleren Atlas unternehmen. Kleine, hübsche Holzbauten und ein lebendiger Suq runden den marokkanischen Ferienort ab. Übernachtung und Abendessen im komfortablen Hotel *Amros | 68 Zi. | Tel. 05 35 56 49 18 | Fax 05 35 56 49 24 | www.groupebermak.com | €. 78 km südwestlich*

IFRANE [124 B4]

Die Schweiz Marokkos liegt auf knapp 1700 m Höhe und ist von Zedernwäldern umgeben, in denen kleine Berberaffen wohnen. Im Ort stehen spitzgiebelige Häuser, die Ifrane seinen Beinamen gegeben haben. Das Städtchen ist ein beliebtes Ausflugsziel gestresster Fassis, die gern einmal ausspannen möchten. Es gibt im Winter ein paar Skilifte – und stets herrlich frische Luft. Gutes Essen bekommen Sie z.B. im Restaurant *Le Chamonix | Tel. 05 35 56 60 28 | €€. 61 km südlich*

Insider Tipp

PARC NATIONAL JBEL TAZZEKA [124 C3]

97 km östlich von Fès liegt die kleine Garnisonsstadt *Taza*. Sie bildet einen idealen Ausgangspunkt für die 110 km lange Rundfahrt durch das Jbel-Tazzeka-Gebiet. Der Nationalpark ist vor allem wegen seiner Tropfsteinhöhlen, unter anderem der beeindruckenden *Gouffre de Friatou*, bekannt und besticht durch seine landschaftliche Pracht. Hier gibt es Wasserfälle, Schluchten und herrliche Wälder. Die Tour ist nur mit eigenem Auto oder Taxi zu machen. Für die Besichtigung der Höhlen ist ein Führer notwendig. Man findet ihn direkt vor Ort. Übernachten und essen können Sie im schönen Hotel *Friatou Salam (58 Zi. | Tel. 05 35 67 25 93 | Fax 05 35 67 22 94 | friatou@hotmail.com | €–€€).*

MARRAKECH

KARTE IN DER HINTEREN UMSCHLAGKLAPPE

[128 B2] Von den vier Königsstädten ist Marrakech die aufregendste und liegt als neue Jetset-Metropole voll im Trend. Während man Fès auch die blaue Stadt nennt, gilt Marrakech als „die Rote". Und wer sich Marrakech nähert, wird auch schnell erkennen, weshalb: Die Häuser sind alle in Rot-, Rosa- oder Ockertönen gehalten. Marrakech ist die Berbermetropole des Landes. Sie wurde als erste berberische Stadt im 11. Jh. gegründet. Seitdem gilt: Wer Marrakech erobert, ist der Herrscher des Landes. Heute ist „die Rote" mit offiziell rund 1 Mio. Einwohnern (inoffizielle Zahlen sprechen von inzwischen 3–4 Mio.) die drittgrößte Stadt Marokkos. Hier fand 2001 die Weltklimakonferenz statt, hier wird am meisten gebaut, hier wird saniert und restauriert. All dies tut der Stadt gut, denn alte Bausubstanz wird so erhalten, und neue Investoren bringen jede Menge Innovationen hervor.

Wie für Fès, sollten Sie sich auch für Marrakech ein paar Tage Zeit nehmen, um all die Eindrücke, die die Stadt hinterlässt, in sich aufnehmen zu können.

Klein und fein, wurde er erst 2004 renoviert und erstrahlt nun in frischem Glanz. *Mi–Mo 8–12 und 15–20 Uhr | Eintritt 10 DH*

DAR TISKIWIN (MUSEUM BERT FLINT) [U E4]
Privates Volkskunstmuseum des Holländers Bert Flint. *Unregelmäßige Öffnungszeiten | Rue el Bahia | Tel. 05 24 44 33 35 | Eintritt frei*

Tagsüber ist noch nicht viel los auf dem Platz Djemaa el Fna

SEHENSWERTES

BAB AGNAOU [U D5]
Das schönste Stadttor Marokkos aus dem 12. Jh. befindet sich nahe den Saadiergräbern. Die Verzierungen sind ganz zauberhaft und umrahmen die Einfahrt ins Kasbahviertel.

DAR SIDI SAID [U E4]
Sehr schönes Kunsthandwerksmuseum in einem alten Wesirspalast.

DJEMAA EL FNA ★ [U D4]
Dieser Platz ist das Highlight Marokkos schlechthin! Der Djemaa el Fna (Platz der Geköpften) steht seit einigen Jahren als Meisterwerk des mündlichen und immateriellen Erbes der Menschheit unter dem Schutz der Unesco. Und tatsächlich: Noch im-

mer zieht er Tag für Tag, Abend für Abend Tausende von Marokkanern von nah und fern an, die den Geschichtenerzählern lauschen, die die Feuerschlucker anfeuern und den Heilern alles glauben. Hier treten Akrobaten auf, Schlangenbeschwörer und mobile Zahnärzte. Wasserverkäufer lassen sich für viel Geld ablichten, Touristen irren umher; fremde Besucher trauen sich häufig nicht, stehen zu bleiben und betrachten das Spektakel lieber aus der Distanz. Doch wer eintauchen will ins wilde Marokko, kann das am besten hier, inmitten der Großstadt Marrakech. Es ist relativ ungefährlich, doch sind, wie überall, wo viele Touristen sind, auch Diebe und Betrüger unterwegs.

JARDIN MAJORELLE **[U C1]**
In diesem Garten in der Neustadt von Marrakech wachsen Pflanzen aus aller Welt. Ein leuchtend blauer Bau, errichtet vom Maler Jacques Majorelle (1883–1962), beherbergt ein kleines ethnografisches Museum. *Tgl. 8–12 und 15–18 Uhr | Eintritt 30 DH plus Museum 30 DH*

MADRASA BEN YOUSSEF ★ **[U E3]**
Die schönste Koranschule des Landes wurde im 14. Jh. gegründet und zum letzten Mal 2001 renoviert. Hier gibt es, neben einem beeindruckenden Innenhof, dessen Bodenfliesen aus Carrara-Marmor bestehen, einen Gebetsraum und sehr gut erhaltene Studierzimmer im ersten Stock sowie das alte Hammam des Baus zu besichtigen. *Tgl. 9–18 Uhr | Eintritt 20 DH*

MOSQUÉE KOUTOUBIYA **[U D4]**
Ihren Namen erhielt die Moschee, die man nur von außen betrachten kann,

Sieben Sultane sind in den Mausoleen der Saadiergräber beigesetzt

vom Büchermarkt, *Kutub*, der sie einst umgab. Sie wurde 1997 aufwendig renoviert. Besonders schön ist die Gebetskanzel (Minbar), die im 13. Jh. in Cordoba gefertigt wurde. Sie ist heute im Palais el Badi *(Place Ferblantiers)* untergebracht.

MUSÉE PRIVÉE DE MARRAKECH [U E3]

Schönes Museum in einem Wesirspalast. Hier finden häufig Ausstellungen moderner Künstler statt; mit Café im Innenhof. *Tgl. 9–18 Uhr | neben der Madrasa Ben Youssef | Eintritt 30 DH*

PALAIS BAHIA [U E5]

Der Wesirspalast wurde 1900 erbaut und gilt Staatsgästen bis heute als Unterkunft. Er ist ein Meisterwerk maurischer Baukunst. Eine Führung lohnt sich. *Tgl. 9–12 und 15–18 Uhr | Eintritt 10 DH*

PALAIS EL BADI [U E5]

Dies war einst der größte Palast Marokkos – erbaut Ende des 16. Jhs. – unter einem der bedeutendsten Sultane der Geschichte Marokkos: Ahmed el Mansour. Heute lässt sich die einstige Pracht nur noch anhand der Grundmauern und der Größe rekonstruieren, denn im 17. Jh. ließ Moulay Isma'il den Palast vollkommen leeren und all die prächtigen Dinge nach Meknès bringen, wo er ein zweites Versailles errichten wollte. Zu besichtigen ist neben den Mauerruinen eine Gebetskanzel *(Minbar)*, die im 13. Jh. in Cordoba gefertigt wurde und einst in der Koutoubiya-Moschee stand. *Tgl. 9–12 Uhr und 15–18 Uhr | Eintritt 10 DH*

PLACE DES FERBLANTIERS [U E5]

Der Platz der Lampenmacher ist von kleinen Werkstätten umgeben, in denen – nomen est omen – Lampen hergestellt werden. Am Südrand wird der Platz von der alten Stadtmauer begrenzt.

SUQS [U D–E3]

Die Basarstraßen von Marrakech haben sich inzwischen vor allem auf Touristen eingestellt. So gibt es hier all das zu kaufen, was das europäische Herz begehrt. Doch wer sich tiefer in die Gassen hineinwagt, findet Handwerker, die ihre Waren auf der Straße herstellen, Hunderte von traditionellen Schuhgeschäften, Kleidermärkte, den Färberbasar und vieles mehr.

TOMBEAUX DES SAADIENS [U D5]

1917 entdeckte man die Saadiergräber, eine Nekropole inmitten des Kasbahviertels. Sie stammt aus dem 16. Jh. Prachtvolle Mausoleen liegen in einem herrlichen Garten und verschaffen Ihnen einen Eindruck mittelalterlicher Kunstfertigkeit. Da vor allem in den Morgenstunden viele Gruppen unterwegs sind, lohnt es sich, bis zum späten Nachmittag zu warten. *Tgl. 9–12 Uhr und 15–18 Uhr | Eintritt 10 DH*

ESSEN & TRINKEN

Ab 17 Uhr werden auf dem Djemaa el Fna kleine Buden aufgebaut, wo man für sehr wenig Geld frisch zubereitetes Essen erhält. Nichts für überempfindliche Mägen, aber für Menschen mit ein wenig Abenteuerlust unbedingt empfehlenswert!

MARRAKECH

Stoffbahnen über einer Gasse im Färberviertel von Marrakech

NID CIGOGNE [U D4]
Kleines, sehr idyllisches Restaurant mit dem üblichen marokkanischen Speisenangebot gegenüber den Saadier-Gräbern in der Kasbah. *Tel. 05 24 38 20 92* | €

Insider Tipp

TATCHIBANA [U D6]
Ein Deutscher und ein Franzose besitzen in Marokko ein japanisches Restaurant, und was dabei rauskommt ist einfach nur phantastisch! Sehr gutes Essen, zubereitet von einem japanischen Spitzenkoch, in einem stilvollen japanisch-marokkanischen Ambiente, und das zu fairen Preisen! Wer dort nicht isst, ist selber schuld. *38 Derb Bab Ksiba | Kasbahviertel | Tel. 05 24 38 71 71 | www.tatchibana.com* | €€–€€€

> www.marcopolo.de/marokko

EINKAUFEN

Stilvolle und schicke Kleidung finden Sie bei M. Abdellatif nahe beim Teppichsuq. Er spricht fabelhaft Deutsch und lässt Dinge auch auf Wunsch und nach Maß schneidern. *Marché Milouda*

Insider Tipp

ÜBERNACHTEN

Kleine und günstige Hotels ab 7 Euro/Zimmer finden Sie rund um den Djemaa el Fna. Ab 12 Euro pro Zimmer darf man saubere Bettwäsche und eine Toilette im Zimmer erwarten.

DAR JAMILA [U D6]
Insider Tipp
Hübsches kleines Riad mit einem herrlichen Innenhof voller Pflanzen und Bäume. Das Preis-Leistungs-Verhältnis ist überzeugend, der unglaublich nette Chef auch. *4 Zi. | Derb Abid Allah | Tel. 05 24 38 49 51 | www.dar-jamila.com* | €€

L'HEURE D'ÉTÉ [U D4]
Mehr ein kleines Hotel als ein Riad, aber ganz im Riadstil erbaut. Klassisch und stilvoll in der Einrichtung, klare Linien, fast direkt am Platz gelegen. *14 Zi. | Rue Sidi Bouloukat | Tel. 05 24 39 17 27 | www.lheuredete.com* | €–€€€

RIAD JOHENNA UND RIAD SABAH [U D4/5]
Insider Tipp
Kleine, eher schlichte, aber feine Riads (eines zentral nahe am Platz, das andere im ruhigen Kasbahviertel), die liebevoll von einem marokkanisch-deutschen Paar geführt werden.

Man fühlt sich hier willkommen und fast schon ein wenig wie zu Hause. *insgesamt 9 Zi. | Tel. 06 71 23 63 24 | www.riad-johenna.com | www.riad-sabah.com | €€*

RIAD NOGA [U E4]

Außergewöhnlich schönes Riad ganz nahe am Djemaa el Fna mit herrlichem Pool, wunderbaren Zimmern und aufmerksamem Personal. Was will man mehr? *7 Zi. und ein kleines Extrariad (2 Zi. und Bad) | 72 Derb Jdid Douar | Tel. 05 24 37 76 70 | Fax 05 24 38 90 46 | www.riadnoga.com | €€€*

FREIZEIT & SPORT

In der Nähe von Marrakech befindet sich ein Golfplatz, der zu den schönsten des Landes überhaupt zählt, außerdem gibt es spezielle Golfhotels in der Stadt. Golfreisen buchen Sie am besten von Deutschland aus bei spezialisierten Reiseveranstaltern.

AM ABEND

Die schönste Abendbeschäftigung in Marrakech ist ein Besuch des Platzes *Djemaa el Fna*. Das *Dar Belarj* (*Tel. 05 24 44 45 55 | dar_berlarj@hotmail.com*), eine private Stiftung neben der Madrasa Ben Youssef, bietet abends häufig ein kulturelles Programm mit Konzerten, Lesungen und anderen Veranstaltungen. Das stets wechselnde Programm hängt dort oder im *Musée Privée de Marrakech* aus.

Insider Tipp

AUSKUNFT

Boulevard Mohammed V | Tel. 05 24 43 20 97

ZIELE IN DER UMGEBUNG

IMLIL [128 B3]

Das Bergsteigerzentrum am Jbel Toubkal ist ein beliebtes Ausflugsziel und wird näher im Kapitel „Ausflüge & Touren" beschrieben.

OUKAIMEDEN [128 B2]

Marokkos Top-Skigebiet liegt etwa 70 km südlich von Marrakech auf 2650 m Höhe und erinnert mehr an die Alpen als an Marokko. Ein hochmoderner Sessellift bringt die Wanderer und Skifahrer auf den Jbel Oukaimeden (3265 m), Skiverleih wird im ganzen Ort angeboten; Unterkunft im hübschen, renovierten Hotel *Chez Juju | 30 Zi. | Tel. 05 24 31 90 05 | www.hotelchezjuju.com | €–€€*.

OUZOUD [128 C1]

160 km östlich von Marrakech befinden sich die höchsten Wasserfälle des Landes. Sie fallen in mehreren Etagen über rote Felsen nach unten, bevor sie im Oued Abid aufgefangen werden. Die Ufer sind von Feigen-

Wintersportzentrum: Oukaimeden

bäumen gesäumt, auf denen sich kleine Affen tummeln. Übernachten und speisen können Sie im schönen Riad *Cascades Ouzoud (6 Zi. | Tel. 06 62 14 38 04 | www.ouzoud.com | €€).*

SAFI **[128 A1]**

Touristisch interessant ist Safi (450000 Ew.) vor allem aus einem Grund: Es ist das Töpferzentrum des Landes. Im Insider Tipp Töpferviertel nahe dem Bab Chaaba können Sie bei der Herstellung zusehen und die Waren zu weit günstigeren Preisen kaufen als im Rest des Landes. Ein Ausflug lohnt vor allem montags, wenn in der Stadt 155 km nordwestlich von Marrakech der Wochenmarkt stattfindet. Übernachtung und Essen können Sie im Hotel *Atlantique Panorama (32 Zi. | 50 Rue Chawki | Tel. 05 24 66 84 90 | www.hotel-atlantique-panorama.com | €€).*

TIN MAL **[128 B3]**

Die wunderschöne Moschee und *Zaouiya* stammt aus dem 12. Jh. Sie wurde 1993 aufwendig renoviert. Nicht nur die Moschee an sich lohnt den Besuch, auch die Fahrt dorthin. *100 km südwestlich von Marrakech*

MEKNÈS

[123 F4] Die kleinste der vier Königsstädte (500000 Ew.) bleibt von Touristen häufig unbeachtet. Zu Unrecht, denn in der Stadt, die im 12. Jh. gegründet und im 14. Jh. zur Hauptstadt wurde, finden Sie unverfälschtes marokkanisches Leben und eine zauberhafte, nahezu unberührte Altstadt. Außerdem befindet sich hier das schönste Stadttor Marokkos sowie das Mausoleum von Moulay Isma'il, dem maghrebinischen Sonnenkönig. Er war es, der die landesweit größten Stallungen bauen ließ, 30000 Sklaven hatte und 500 Frauen ehelichte, nachdem ihn die Tochter von Marie Antoinette und Ludwig XIV. hatte abblitzen lassen. Diese Verschwendungssucht brachte dem Reich fast den Untergang – und bescherte der Stadt bombastische Bauten.

SEHENSWERTES

BAB MANSOUR

Das Tor, das bekannteste Bauwerk von Meknès, wurde im 17./18 Jh. errichtet. Es hat drei Bögen und ist mit herrlichen Keramiken verziert. Die Marmorsäulen stammen aus Volubilis. Leider setzen heutzutage Autoabgase dem Tor stark zu, sodass es immer mehr von seiner Farbenpracht verliert. Unterhalb des Tors stehen bisweilen penetrant auftretende *Faux Guides*, falsche Stadtführer, und bieten ihre Dienste an. Wer auf einen Stadtführer nicht verzichten möchte, sollte, um sicherzugehen, sich dessen Lizenz zeigen lassen. *Place el Hedim*

DAR JAMAII

Sehr schönes Museum in einem alten Wesirspalast. Ausgestellt werden neben Volkskunst vor allem islamische Kunst aus den letzten Jahrhunderten. *Place el Hedim | Mi–Mo 9–12 und 15–18 Uhr | Eintritt 10 DH*

MAUSOLÉE MOULAY ISMA'IL

Das sehr schöne Mausoleum ist in einem gelben, sehr stilvollen Bau untergebracht und darf auch von Nichtmuslimen besichtigt werden –

vorausgesetzt, sie ziehen die Schuhe aus. *Tgl. außer freitags 9–12 und 15–18 Uhr | Eintritt frei*

MEDINA
Die Medina besteht aus der *Place el Hedim*, den daran anschließenden Basargassen und dem großen Lebensmittelmarkt. Am besten, Sie lassen sich einfach treiben, folgen den Gerüchen und dem Geschrei der Händler, bevor Sie am großen Platz einen frischen Tee zu sich nehmen.

VILLE IMPÉRIALE
Moulay Isma'il ließ diese riesige Stadt errichten: Sein Ziel war es, ein zweites Versailles zu erschaffen. Bis heute kann man die Stallungen, gebaut für 15 000 Pferde, und die Getreidespeicher sehen, die vor allem durch ihre Größe beeindrucken. *Tgl. 9–12 und 15–18 Uhr | Eintritt 10 DH*

ESSEN & TRINKEN
Kleine Restaurants befinden sich nahe der *Place el Hedim* sowie in der Neustadt rund um die *Avenue Hassan II.* Sehr gut essen kann man im *Ryad Bahia* (s. u.) auf Voranmeldung!

ÜBERNACHTEN
Einfache Hotels gibt es in der Neustadt an den großen Avenuen.

Das Tor Bab Mansour, prächtiger Zugang zur Ville Impériale

RIAD D'OR
Insider Tipp

Zauberhaftes Riad im eleganten italienisch-marokkanischen Stil, für dessen Suiten man in Marrakech das Dreifache zahlen würde. *12 Zi./Suiten | Rue Ain al Anboub, Hammam Jdid | Tel. 06 41 07 86 25 | www.riad-dor.com* | €–€€

RYAD BAHIA
Insider Tipp

Auch sehr schönes, liebevoll geführtes Riad, die liebenswerten Besitzer bieten sehr gute Stadtführungen an.

11 Zi. | Tiberbarine | Tel. 05 35 55 45 41 | Fax 05 35 55 44 68 | www.ryad-bahia.com | €€

FREIZEIT & SPORT

REITEN

Der Reiterhof *Club d'Equitation Farah* bei Meknès gehört der Schweizerin Rena Erroudani. Es werden neben Reittouren im ganzen Land auch Reitkurse vor Ort sowie Tagesexkursionen in der Umgebung angeboten. Zimmer gibt es für Reitkursteilnehmer. *Tel. 035 54 88 44 | www.clubfarah.com*

AUSKUNFT

Place d'Administrative | Tel. 035 52 44 26

ZIELE IN DER UMGEBUNG

MOULAY IDRIS [123 F3]

Die heilige Stadt des Gründervaters von Marokko war bis vor wenigen Jahren für Nichtmuslime tabu. Heute kann man in Moulay Idris, 25 km nördlich von Meknès, spazieren und einen Blick auf die grünen Dächer des Heiligtums werfen, in dem Moulay Idris I. ruht.

VOLUBILIS ★ [123 F3]

Der römische Ort Volubilis hat seinen Namen von den Winden, *Walili*, die hier wachsen. Eindrucksvoll liegt die häufig von Touristen unbeachtete Ausgrabungsstätte am Rand eines länglichen Plateaus am Fuß des Zerhoun-Gebirges, etwa 30 km nördlich von Meknès. Der Ort wurde um das Jahr 25 unter dem römisch-berberischen Kaiser Juba II. gegründet und erlebte seine Blütezeit im 3. Jh. Nehmen Sie sich ausreichend Zeit, um das Areal mit seinen einzigartigen Mosaiken, dem Triumphbogen und der Via Maximus zu besichtigen. *Eintritt 20 DH*

RABAT

[123 D3] **Rabat (620 000 Ew.), die Hauptstadt Marokkos, verbindet auf sehr gelungene Weise orientalisches Flair mit europäischem Ambiente.** Die Stadt grenzt im Westen an den Atlantischen Ozean und im Norden an den großen Fluss Bou Regreg. Rabat ist der perfekte Ort für Europäer, um sich langsam auf Marokko einzustimmen: Der Basar ist nicht zu hektisch, die Händler sind nicht aufdringlich, am Abend lässt es sich herrlich in der Neustadt flanieren und in einem der vielen Cafés das Treiben beobachten. Hinzu kommt eine Handvoll höchst interessanter Sehenswürdigkeiten, die einen Aufenthalt in Rabat lohnend machen.

SEHENSWERTES

CHELLAH

Die auf römischen Grundmauern errichtete Nekropole aus dem 14. Jh. ist eine der schönsten Stätten Marokkos. In einem Park befinden sich hier neben römischen Ruinenresten vor allem Marabouts merinidischer Herrscher, eine kleine Moschee sowie ein Teich voller heiliger Aale. Interessant ist auch das beeindruckende Eingangstor. *Tgl. 8.30–18 Uhr | außerhalb der historischen Stadtmauern am Fluss | Eintritt 10 DH*

KASBAH OUDAYA ★

Hoch oben auf einem Felsen thront die schöne Kasbah mit ihrer herrlichen Aussicht. Es ist das Altstadtviertel Rabats, mit verwinkelten Gassen, ganz in Blau-Weiß gehalten, kleinen Galerien und hübschen Cafés. Die Kasbah wurde im 12. Jh. als Wehrburg errichtet und beherbergt in den Festungsanlagen neben dem schönen maurischen Café ein kleines Schmuckmuseum sowie einen kleinen Park.

MEDINA

Südlich der Kasbah schließt sich die ganz in Blau-Weiß gehaltene Medina mit ihrem schönen Basar an. Hier finden Sie neben ein paar Souvenirläden alles, was der marokkanische Haushalt so braucht: frisches Obst und Gemüse, Teekannen und jede Menge Kleidung. Im Gegensatz zu den Medinas von Fès und Marrakech ist es hier sehr untouristisch, und man kann vollkommen ungestört stöbern.

MUSÉE ARCHÉOLOGIQUE

Das kleine archäologische Museum ist mäßig ausgestattet, aber das einzige seiner Art in Marokko. *Rue al Birhi | Mi–Mo 8–12 und 15–18 Uhr | Eintritt 10 DH*

MUSÉES DES OUDAYA

Schönes ethnografisches Museum, in dem in erster Linie Schmuck aus dem ganzen Land ausgestellt wird. Es ist in den Räumen der Kasbah Oudaya untergebracht, die an sich schon sehenswert sind. *Tgl. 9–16 Uhr | Eintritt 10 DH*

STADTMAUER

Die aus Lehm errichtete Mauer wurde bereits im Jahr 1197 vollendet. Sie umrahmt sowohl die Neustadt von Rabat als auch die Medina und weist ein eindrucksvolles Stadttor auf, das *Bab el Rouah*, das Tor der Winde.

In Volubilis lebten zur Blütezeit des Orts knapp 20 000 Menschen

TOUR HASSAN UND MAUSOLÉE MOHAMMED V

Das Wahrzeichen Rabats, der monumentale Hassanturm aus dem 12. Jh., wurde nie vollendet: Bevor der Bau fertiggestellt werden konnte, war der Auftraggeber al-Mansur, ein Almohadenherrscher, gestorben, und sein Nachfolger hatte Marrakech als neue Hauptstadt auserkoren. Dies nimmt ihm aber nichts an Größe. Nach dem Vorbild der Giralda in Sevilla sollte dieses Minarett mit Pferden bereitbar sein. Nahe dem Turm befindet sich das Mausoleum von Mohammed V. und Hassan II., Großvater und Vater des heutigen Königs. Es wurde von einem japanischen Architekten errichtet.

ESSEN & TRINKEN

Kleine Restaurants gibt es rund um das Hotel Balima schräg gegenüber vom Bahnhof.

CAFÉ DES MAURES

Nettes maurisches Café, nur mit Getränken und Gebäck, inmitten der Stadtmauer. Von hier haben Sie einen herrlichen Blick auf die Umgebung.

DINARJAT

Edles Restaurant in einem alten Stadtpalais in der Medina, häufig mit Livemusik. Nur mit Reservierung. *6 Rue Belgnaoui | Tel. 05 37 70 42 39 |* €€€

LA VILLA MANDARINE

Insider Tipp

Hier kredenzt der deutsche Sternekoch Wolfgang Grobauer eine international-marokkanische Fusionküche vom Feinsten. Das Essen wird stilvoll im Garten unter riesigen Bäumen oder in der Villa serviert. Das Haus gehört zu den absoluten Topadressen der Stadt. *Souissi | Tel. 05 37 75 20 77 | www.lavillamandarine.com |* €€€

EINKAUFEN

Auf der gegenüberliegenden Seite des Bou Regreg, an der Straße zum Flughafen, befindet sich das große und sehr schöne *Village Artisanal*, ein riesiges Areal mit Werkstätten und Verkaufsläden.

ÜBERNACHTEN

Sehr einfache Hotels (ab 5 Euro pro Zimmer) gibt es am Eingang zur Medina. Günstige, etwas besser ausgestattete Unterkünfte (ab 15 Euro pro Zimmer) finden Sie rund um den Bahnhof.

LA VILLA MANDARINE

Insider Tipp

Zum oben erwähnten Spitzenrestaurant gehören auch noch ein paar herrliche Zimmer in einer Villa, umgeben von einem paradiesischen Garten! Luxus pur, aber sehr dezentral. *36 Zi. | Souissi | Tel. 05 37 75 20 77 | www.lavillamandarine.com |* €€€

TOUR HASSAN

Wunderschönes Luxushotel direkt an der Mündung des Bou Regreg. *139 Zi. | 26 Rue Chellah | Tel. 05 37 23 90 00 | www.latourhassan.com |* €€€

STRÄNDE

Unterhalb der Stadtmauer gibt es einen großen, aber dreckigen Strand, an dem vor allem Rabats Jugend badet. Schöner ist die *Plage des Nations*, 17 km nördlich an der Straße nach Kenitra. Etwas felsig, aber mit

Ferienhäusern und Badeanlagen versehen sind die Strände südlich von Rabat in *Harhoura* und *Temara.*

AM ABEND

Abends promenieren Sie am besten, zusammen mit Tausenden von marokkanischen Jugendlichen, auf dem *Boulevard Mohammed V.*

Medina mit einer großen Moschee aus dem 12. Jh. und die Madrasa Abu al-Hassan aus dem 14. Jh. Sie ist für ihre außergewöhnlichen Zedernschnitzarbeiten bekannt. Mit kleinen Fischerbooten können Sie sich unterhalb der Kasbah Oudaya auf die andere Flussseite schippern lassen und die einstige Piratenstadt Salé zu

Rabat verbindet orientalisches Flair mit europäischem Ambiente

AUSKUNFT

Avenue d'Alger | Rabat-Agdal | Tel. 05 37 73 05 62

ZIEL IN DER UMGEBUNG

SALÉ **[123 D3]**

Die Schwesterstadt (600 000 Ew.) am anderen Ufer des Bou Regreg steht in ständiger Konkurrenz zu Rabat. Salé hat eine sehr schöne Medina mit Suq. Besonders interessant sind hier die

Fuß erkunden. Es gibt einen kleinen Fischmarkt, wo man um die Mittagszeit frischen Fisch essen kann. Aber Achtung: vorher Preise absprechen! Wem Rabat zu hektisch ist, der kann auch hier übernachten, zum Beispiel im modernen, am Fluss gelegenen Hotel *Dawliz (45 Zi. | Avenue Prince Héritier Sidi Muhammad | Tel. 05 37 88 32 77 | Fax 05 37 88 32 79 | www.ledawliz.com | €€).*

> HOHE BERGE, BLAUES MEER

Sonne im Überfluss, spektakuläre Landschaften und herrliche Strände

> Im Südwesten Marokkos befindet sich das größte Touristenzentrum des Landes: Agadir. Es zieht Jahr für Jahr Hunderttausende von Pauschalurlaubern an, was vor allem am einzigartigen Klima von Agadir liegt. Die Stadt schmiegt sich in eine weite Bucht und ist so vor Strömungen im Atlantik geschützt. Ganzjähriges Baden ist möglich.

An die Bucht von Agadir schließt sich im Osten die fruchtbare Sous-Ebene an – Marokkos Hauptanbaugebiet für Zitrusfrüchte. Hier liegt die alte Stadt Taroudannt, die sich zu einem Handelszentrum entwickelt hat. Nördlich von Agadir entstehen an der Küste jede Menge Neubauten. Beliebt ist das Gebiet bei Surfern, die hier optimale Bedingungen für ihren Sport finden. Nirgends sonst in Marokko gehen die Wellen so hoch und lassen Speedsurfen zu.

Die Region südlich von Agadir ist touristisch wenig erschlossen. Hier

Bild: Moschee bei Tafraoute

DER SÜDWESTEN

befinden sich die einstige spanische Enklave Sidi Ifni, umgeben von herrlichen Stränden, das Naturschutzgebiet des Oued Massa sowie der Anti-Atlas, der bis zu 3000 m ansteigt. Er gehört mit zu den spektakulärsten Landschaften Marokkos und lädt zu Ausflügen und Wanderungen ein. Hier ist die Heimat der Schlöh, einer Berbergruppe, die über Jahre abgeschieden gelebt hat. Zu hoch waren die Berge, die das Gebiet von der Sous-Ebene trennen. Die Menschen hier sind auffallend freundlich, und durch die jahrelange Zurückgezogenheit haben sie sich, neben einer ganz eigenen, immateriellen Kultur, auch eine einzigartige Architektur erhalten. Wie im gesamten Süden wird auch hier mit Lehm gebaut, doch statt Wehrburgen bestimmen schlichte Häuser das Bild, die besondere Dekorationen haben. Sie bestehen aus Schieferplatten, die man in Hausöff-

Idealer Platz für Sonnenanbeter: Agadir hat alles, was Strandurlauber wünschen

nungen in geometrischen Mustern verlegt hat und deren Hohlräume mit Pferdehaaren ausgestopft wurden.

Die Menschen im Südwesten Marokkos, mehrheitlich Berber, leben in erster Linie vom Tourismus und der Landwirtschaft. Das Department Souss-Massa-Drâa gehört zu den wohlhabendsten des Landes, da beide Wirtschaftsbranchen weit mehr als 50 Prozent zum Bruttoinlandsprodukt beitragen.

AGADIR

[127 E2] **Agadir (225 000 Ew.) ist das wichtigste marokkanische Ferienzentrum und Provinzhauptstadt des Bezirks Sous-Massa-Drâa.** Hier landen und verweilen die meisten Touristen. In der Tat bietet Agadir alles, was ein Ferienort braucht: einen kilometerlangen Sandstrand, ein herrliches Hinterland – ideal für Ausflüge –, eine ausgezeichnete touristische Infrastruktur und nicht zuletzt eine Sonnengarantie an 330 Tagen im Jahr. Ein großer Anteil der Landeseinkünfte aus dem Tourismus stammen von hier. Die Küste ist mit Hotels zugepflastert, auf Schildern einiger Restaurants wird auf Deutsch Bier vom Fass und Filterkaffee angeboten, die Mietpreise sind ins Unendliche gestiegen, und der Grundwasserspiegel sinkt, da der Süßwasserverbrauch weit höher ist als die Ressourcen. Kleinkriminalität und Nepp, sonst im Land eher selten, sind in Agadir nichts Ungewöhnliches, denn jeder versucht auf seine Weise, von den ausländischen Gästen zu profitieren. 1960 ist Agadir einem Erdbeben zum Opfer gefallen, bei dem etwa 15 000 Menschen starben. Alle Bauten der Stadt entstanden nach 1962, als der Wiederaufbau der Stadt begann. Dennoch ist Agadir auch eine sehr liebenswerte Stadt. Entfernt man sich ein wenig von den großen Touristenmeilen, zeigt sie sich anders: als Universitätsstadt mit vielen Studenten, als moderne Stadt mit lebendigen Wohnvierteln und als Handelszentrum mit bunten Märkten und vielen Geschäften.

SEHENSWERTES

KASBAH

Die halb verfallene Kasbah aus dem 16. Jh. auf Agadirs 236 m hohem Hausberg lohnt vor allem wegen des Blicks auf Agadir den etwa 3 km langen Aufstieg. Wie ein Halbmond schmiegt sich die 8 km lange Bucht ins Landesinnere, gesäumt von Hotelbauten und breiten Boulevards.

MUSÉE DU PATRIMOINE AMAZIGH

Dieses Museum hat die Kunst und Kultur der Berber zum Thema. Eine kleine, aber feine Sammlung in einem ansprechenden Bau nahe der Fußgängerzone *Ait Souss. Mo–Sa 9.30–17.30 Uhr | Eintritt 20 DH*

ESSEN & TRINKEN

Es ist nicht ganz leicht, Restaurants zu empfehlen, denn in einer Stadt wie Agadir ist das Entwicklungstempo rasant. Restaurants stehen und fallen mit ihren Köchen – und diese wechseln häufig.

CHEZ BRAHIM

Insider Tipp

Sensationell ist nicht nur die Lage direkt am Strand (14 km nördlich von Agadir), sondern auch die Qualität und Frische der Speisen: Fisch, *brochette,* Salat. Nur bis 19 Uhr geöffnet, da es keinen Strom gibt! Am Wochenende ist eine Reservierung notwendig. *Tamraght | Tel. 06 62 28 67 38* | €–€€

YACOUT

Kleines, günstiges Restaurant mit angeschlossener Patisserie, das feine Speisen und sehr gutes Gebäck anbietet. Mit Terrasse und angenehmem Innenraum. *Avenue 29 Février, Talborj | Tel. 05 28 84 65 88* | €

EINKAUFEN

Alkohol, Konserven und westliche Lebensmittel finden Sie vor allem im Kaufhaus *Uniprix* an der *Avenue Hassan II.* Gemüse, Obst und andere Lebensmittel kaufen Sie am besten in der Markthalle nördlich des Kaufhauses. Sonntags findet ein riesiger Markt etwa 3 km südöstlich des Stadtzentrums an der *Rue Chaib Al*

MARCO POLO HIGHLIGHTS

★ Parc National Oued Massa
Der Nationalpark ist ein Paradies für Liebhaber unberührter Natur (Seite 69)

★ Les Peintures (Painted Rocks)
Ein Kunstwerk, geschaffen in und aus der Natur (Seite 74)

★ Tasguent
Eine Speicherburg, die ein Heiligtum birgt (Seite 74)

★ Vallée des Ammeln
Zauberhafter Landstrich mit Dörfern, die wie Adlerhorste an eindrucksvollen Granitfelsen zu kleben scheinen (Seite 75)

Khamra Mohammed statt. Größer noch ist der Markt in *Inezgane* 12 km südöstlich, beim großen Busbahnhof, der dienstags und freitags stattfindet. Etwas außerhalb von Agadir liegt die *Medina d'Agadir (www.medinapolizi.com)*, ein Werkstätten- und Einkaufskomplex im Stil einer arabischen Altstadt. Kostenlose Shuttlebusse fahren von und nach Agadir.

ÜBERNACHTEN

Hotels der gehobenen Klasse sowie Touristenhotels und Ferienclubs befinden sich am Strand und auf dem *Boulevard du 20 Août*. In *Talborj*, etwa 1 km westlich des Strands, gibt es einfachere Hotels.

KAMAL

Sehr zentral, nicht am Strand, aber klein, charmant, mit Pool und einem sehr guten Preis-Leistungs-Verhältnis. *6 Zi. | Avenue Hassan II. | Tel. 05 28 84 28 17 | hotelkamal@menara.ma* | €–€€

KSAR MASSA

Direkt beim Nationalpark Oued Massa, etwa 40 km von Agadir entfernt. Das Hotel lockt mit edlem Ambiente, vor allem aber liegt es einsam und direkt am Strand! Jedes der zehn Zimmer ist individuell und liebevoll eingerichtet; sehr gutes Essen. *BP 222 Sidi R'bat | Tel. 06 61 28 03 19 | www.ksarmassa.com* | €€

Insider Tipp

VILLA SOLARIA

Die Schweizerin Margrit Leibundgut hat sich 14 km nördlich von Agadir einen Traum erfüllt und fünf schöne Gästezimmer bzw. Appartements und eine Ferienwohnung am Hang gebaut. Hübscher Garten, nette Betreuung. *Tamraght | Tel. 05 28 31 47 68 | www.addimaroc.com* | €

FREIZEIT & SPORT

GOLF

Nahe Agadir befinden sich ein paar sehr schöne Golfplätze. Wer speziell zum Golfen nach Agadir kommen möchte, sollte schon in Deutschland bei einem Veranstalter buchen. Als schönster Platz gilt der des *Golf Club Mediteranée les Dunes* bei *Inezgane*.

WASSERSPORT

Fast jedes große Hotel hat Wassersportangebote im Programm. Alternativ können Sie beim Strandclub Sport Nautique Wassersportgeräte ausleihen. Die Preise für Jetski, Gleitschirm, Katamaranausflüge u. a. sind moderat. *Tgl. 9–18 Uhr | Avenue Tawada (Strandpromenade) | Tel. 06 48 21 62 10*

STRÄNDE

Agadir selbst hat einen kilometerlangen, sauberen Strand, in dessen Süden manchmal noch Flamingos zu sehen sind. In näherer Umgebung befindet sich zudem der Dünenstrand von ▸▸ *Taghazoute* (20 km nördlich), wo die Surferszene die Küste beherrscht. Hierhin fahren Busse ab Place Salam, es gibt Privatunterkünfte und eine große Ferienanlage.

AM ABEND

Fast alle Hotels haben Diskos und Nachtclubs. Jede Saison ändert sich die In-Location, sodass Sie sich am besten vor Ort erkundigen, was gerade angesagt ist. Marokkanische Touristen ziehen der Disko in der

„Brautschleier" wird der Wasserfall von Imouzzèr von den Schlöh genannt

Regel einen Spaziergang an der Corniche vor.

AUSKUNFT

Place Prince Héritier Sidi Mohammed | Tel. 05 28 84 63 79 | Fax 05 28 84 63 78

ZIELE IN DER UMGEBUNG

CAP RHIR ▶▶ [127 E2]

Das Kap 60 km nördlich von Agadir ist ein ideales Revier für Windsurfer. Auf einer Breite von ungefähr 3 km erstreckt sich ein Thermik-Fallwindbereich, der sich perfekt zum Speedsurfen eignet. Für Schwimmer nicht geeignet!

IMOUZZÈR-DES-IDA-OUTANANE [127 E2]

Die Wasserfälle von Imouzzèr liegen etwa 62 km nordöstlich von Agadir und sind ein beliebtes Ausflugsziel vor allem bei marokkanischen Urlaubern. Europäer empfinden die Fälle oft als eher klein, doch lohnt der Ausflug der herrlichen Anfahrt wegen. Es geht immer entlang des Oued Tamrakht durch das *Paradise Valley* ins Landesinnere – vorbei an vielen Ausflugslokalen und kleinen Oasen.

PARC NATIONAL OUED MASSA ★ [127 E3]

An der Mündung des Oued Massa, 45 km südlich von Agadir, liegt Marokkos größtes Vogelschutzgebiet. Hier leben so seltene Vogelarten wie Sand- und Wüstenflughühner oder Zwergseeschwalben. Unter der Ägide der deutschen Gesellschaft für Technische Zusammenarbeit (GTZ) wurden hier ausgestorbene Tierarten wie zum Beispiel die Mendesantilope und die Mhorrgazelle aus dem Hannoveraner Zoo wieder angesiedelt. Neben einer herrlichen Flusslandschaft, die Sie auf Spaziergängen erkunden können, gibt es einige schöne Strände mit vielen Höhlen, wo die einheimischen Fischer ihren Fang frisch zubereiten.

TALIOUINE UND JBEL SIROUA [128 B3]
Taliouine, 210 km östlich von Agadir, ist vor allem aus zwei Gründen interessant: als Sitz der einzigen Safrankooperative des Landes sowie als Ausgangspunkt für Touren in den Jbel Siroua. Der Jbel Siroua ist ein Gebirgszug, der an den Hohen Atlas anschließt und sich über 3000 m erhebt. Die Kooperative befindet sich mitten im Ort und kann täglich besucht werden. Insider Tipp Trekking im Jbel Siroua ist bislang kaum bekannt, umso schöner sind die Touren durch die gigantische Gebirgswelt, die von der *Auberge Souktana (Tel. 05 28 53 40 75 | Fax 05 28 53 40 75 | http://membres.lycos.fr/souktana)* organisiert werden.

TAROUDANNT [127 F2]
Taroudannt ist eine hübsche Stadt (57000 Ew.) inmitten der fruchtbaren Sous-Ebene, 80 km östlich von Agadir. Einst ein Haupthandelszentrum und während des 16. Jhs. kurzfristig Hauptstadt unter den Saadiern, ist Taroudannt bis heute sehr lebendig. Entsprechend bunt ist der Basar. Interessant ist außerdem die vollständig erhaltene Stadtmauer aus dem 16. Jh. Ausgesprochen schöne und gute Hotels bieten Unterkunft, wie z. B. das Luxushotel *La Gazelle d'Or (30 Zi. | Tel. 05 28 85 20 48 | Fax 05 28 85 27 37 | www.gazelledor.com | €€€)*, das im ehemaligen Palais eines französischen Barons untergebracht ist. Schön ist auch das *Melia Palais Salam (142 Zi. | www.palaissalamtaroudant.com | €€–€€€)* in der alten Kasbah inmitten der Stadtmauer mit einem paradiesischen Garten.

SIDI IFNI

[127 D4] **Diese kleine Stadt (15000 Ew.) hat ihren Namen von dem Ortsheiligen Sidi Ali Ifni, dem man wundersame Kräfte nachsagt.** Bis 1969 gehörte Sidi Ifni zu Spanien, und so ist es auch nicht weiter verwunderlich, dass der Ortskern bis heute an andalusische Orte erinnert: Die Straßen sind im Schachbrettmuster, die Häuser sind zum Teil in Art-déco errichtet und in Rosa und Blau gehalten. Die marokkanische Regierung hat die koloniale Hinterlassenschaft als touristisches Potenzial erkannt und bemüht sich, das

> ARGANIEN

Einzigartige Bäume liefern einzigartiges Öl

Rund um Agadir wachsen Bäume, die einzigartig sind: Arganien. Man nennt sie auch Ziegenbäume, da Ziegen darauf herumklettern. Aus den Früchten stellt man ein wertvolles Öl her, das bei Haut- und Rheumaleiden hilft, Schmerzen lindert und sogar Herzleiden vermindern kann. Die endemische Pflanze drohte auszusterben. Inzwischen haben Hilfsorganisationen erfolgreiche Schutzprogramme gestartet, und so wird Arganienöl mittlerweile wieder hergestellt. Zu beziehen ist es in Marokko auf Märkten, über Kooperativen zwischen Agadir und Essaouira oder in Deutschland über die Firma Abgur *(Tel. 0761/15 63 38 90 | www.abgur.de)*, die direkt importiert.

Städtchen original zu halten – zumindest in der Architektur.

Sidi Ifni ist ein herrlicher Ort, um Ferien zu machen – gesetzt den Fall, man kann auf Disko, Wassersport, Luxushotels und Tennisanlagen verzichten. Hier gibt es saubere Strände, preiswerte Unterkünfte und interessante Ausflugsziele in der näheren Umgebung. Im Gegensatz zu Agadir ist es hier vergleichsweise untouristisch, was Reisenden einen Blick ins „wahre" Marokko möglich macht.

Nicht nur an Markttagen geht es lebhaft zu in Taroudannt

ESSEN & TRINKEN ÜBERNACHTEN

AIT BAAMRANE

Das einfache, ordentliche Hotel liegt direkt am Strand; mit Bar und Restaurant, alle Zimmer mit Bad. *12 Zi.* | *Rue Moulay Youssef* | *Tel. 05 28 78 02 17* | €

BELLEVUE

Einfaches, aber nettes Hotel im Kolonialstil direkt am Meer. Die Zimmer, darunter einige mit Meerblick, sind sauber und angenehm. Im sehr guten Restaurant werden marokkanische und internationale Spezialitäten auf einer herrlichen Terrasse über dem Meer serviert; Alkohol wird ausgeschenkt. *25 Zi.* | *9 Place Hassan II* | *Tel. 05 48 87 50 72* | *Fax 05 48 78 04 99* | €€

SUERTE LOCA

Das einfache, aber nette Travellerhotel in schöner Lage befindet sich ganz nahe am Strand; Zimmer mit

Meerblick. *16 Zi. Avenue Moulay Youssef | Tel. 05 28 87 53 50 | Fax 05 28 78 00 03 | €*

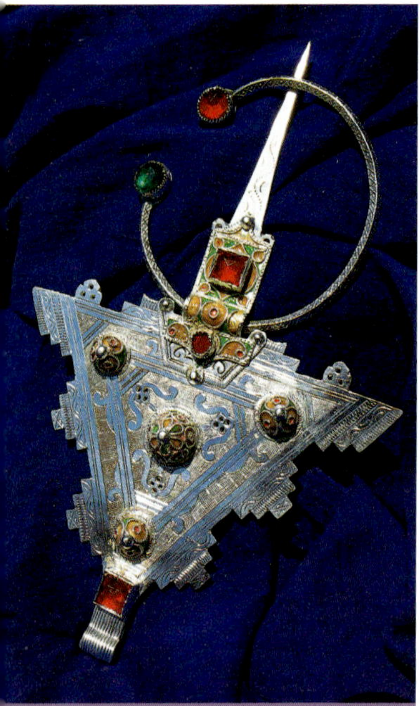

In Tiznit wird wunderschöner Silberschmuck hergestellt, wie dieses Beispiel zeigt

EINKAUFEN

Der Markt befindet sich in der *Avenue Hassan II*, am Ende der *Avenue El Hourria.*

STRÄNDE

Im Süden schließen sich kilometerlange Strände an die Stadt an. Am bekanntesten ist die *Plage Blanche*, die etwa 50 km südlich beginnt und sich über 150 km nach Süden zieht. 10 km nördlich von Sidi Ifni befindet sich ein wirkliches Naturwunder: die Bucht *Legzira* mit ihren vier vom Meer ausgespülten Felstoren. In zwei kleinen Pensionen wird fangfrischer Fisch zubereitet. Der Stadtstrand befindet sich direkt am Westrand der Stadt.

ZIELE IN DER UMGEBUNG

MIRLEFT [127 D4]

In den 1970er-Jahren war Mirleft, 30 km nördlich von Sidi Ifni, ein Aussteigerparadies. Heute erinnert in dem kleinen Fischerort nur noch wenig an diese Zeit. Das Städtchen zieht vor allem marokkanische Touristen an und hat eine sehr entspannte Atmosphäre zu bieten. Übernachten können Sie in dem sehr schönen und luxuriösen *Hotel Trois Chameaux (22 Zi., 1 Haus für 6 Pers. | Tel. 05 28 71 91 87 | www.3chameaux.com€–€€)*, das oberhalb des Orts liegt und mit Hammam, Pool und einem ausgezeichneten Restaurant allen Komfort bietet.

TIZNIT [127 E3]

Die Stadt (35000 Ew.) ist das wichtigste Handelszentrum des südlichen Sous. 1882 gegründet, war sie zur Protektoratszeit vor allem ein Karawanenzentrum. Tiznit, 70 km nordöstlich von Sidi Ifni, ist vor allem für seine Silberarbeiten bekannt, die jedoch – wegen des Ansturms von Touristen aus Agadir – hier oftmals teurer sind als sonst im Land. Sehenswert sind der Suq, die große Moschee, die in ihrer Bauweise den Sahara-Bauten aus Mali und Niger ähnelt sowie die große Stadtmauer, die zur Gründerzeit rund um die Stadt gezogen wurde. Zu empfehlen ist auch der Besuch der *Perle du Sud*, eines ehemaligen Paschapalasts, der zu einem kleinen Kunsthandwerkszentrum umgebaut wurde. Übernachten und essen können Sie im hübschen, modernen Hotel *Idou Tiznit | 94 Zi. Avenue Hassan II | Tel. 05 28 60 03 33 | Fax 05 28 60 06 66 | www.idoutiznit.com* | €–€€.

TAFRAOUTE

[128 A4] **Der Hauptort des Anti-Atlas liegt auf etwa 1000 m Höhe und hat 8000 Einwohner. Er ist umgeben von einer grandiosen Berglandschaft.** Granitfelsen schimmern vor allem in den Abendstunden in allen Nuancen und haben bizarre Formen. Die Häuser der Stadt sind in Rosa, Rot, Ocker und Orange gehalten, sodass man sich auf ein wahres Farbspektakel einstellen sollte. Umgeben ist das Städtchen von Mandelbäumen, Olivenhainen und Palmen, die jedoch auf dieser Höhe keine Datteln mehr tragen. Vor allem Ende Februar, zur Zeit der Mandelblüte, lohnt ein Besuch. Dann findet auch das Mandelblütenfest statt, und der Ort ist voller Menschen. Davon abgesehen bildet Tafraoute einen idealen Ausgangspunkt für Spaziergänge und Ausflüge in die Umgebung.

SEHENSWERTES

ADAI UND AFELLA ADAI

Die beiden Orte liegen nur 2 km südwestlich von Tafraoute und können über bequeme Fußwege erreicht werden, die beim Hotel *Les Amandiers* beginnen. Bei Adai und Afella Adai handelt es sich um zwei kleine Dörfer, deren rote Häuser sich pittoresk an die Felsen schmiegen. Etwas südlich der beiden Dörfer befindet sich die Felsgravur einer Gazelle. Fragen Sie die Leute vor Ort, sie zeigen Ihnen gern den Weg.

AGUAR OUDAD

Das kleine Dorf liegt 2 km südlich von Tafraoute am Fuß des *Chapeau*

>LOW BUDGET

- Superschön, supergünstig, tolle Atmosphäre: In der *Auberge Yamina* im Ammelntal bei Tafraoute gibt es nur drei Zimmer, alle mit WC und Bad. Der Empfang ist liebevoll, die Herbergsleute kümmern sich um ihre Gäste, und das Essen schmeckt wunderbar. *Tel. 06 70 52 38 83 | www.yamina-tafraoute.com* | €
- Selbst in Agadir kann man für nicht allzu viel Geld gut essen und einkaufen. Man muss nur wissen, wo! Im Wohnviertel *Talborj* gibt es alles, von Schuhgeschäften über Internetcafés bis hin zu Restaurants – und alle mit lokalen Preisen.
- Einfach, aber wirklich schön ist es, bei der freundlichen Familie von Mohammed Addi zu wohnen. Es gibt hier mehrere kleine Gästezimmer in einem traditionellen Berberhaus, und neben günstiger Unterkunft bekommen Sie einen wunderbaren Einblick in das Leben vor Ort. Da das Haus in herrlicher Landschaft liegt, ist es der ideale Ort, um einmal wirklich zu entspannen. *Kontakt über Margrit Leibundgut und Mohammed Addi, Tamrakht | Tel. 05 28 31 47 68 | www.addimaroc.com* | €

Napoléon. Dieser Hut ist ein Felsen, der der Kopfbedeckung des französischen Feldherrn gleicht. Rund um das Dorf kann man herrlich wandern.

ESSEN & TRINKEN

ÉTOILE AGADIR

Einfaches Restaurant im Ortszentrum. *Tel. 05 28 80 02 68* | €

EINKAUFEN

Mittwochs ist großer Markttag, zu dem Bauern und Händler aus der Umgebung nach Tafraoute kommen.

ÜBERNACHTEN

Einfache, aber zum größten Teil saubere Hotels ab 7 Euro/Zimmer finden Sie am Ortseingang, von Ait Baha kommend.

RIAD TAFRAOUT

Kitschig-schräg, aber Marokko par excellence! Alle Farben und Formen, alle Stile und Muster, die Marokko zu bieten hat, sind hier vorzufinden. Jedes Zimmer ist individuell eingerichtet; kein Restaurant, aber Frühstück. *8 Zi.* | *Tel. 05 28 80 00 31* | *www.riad-tafraout.com* | €–€€

SALAMA

Das schlichte Hotel am Marktplatz besticht mit freundlichem Personal und einer herrlichen Dachterrasse. *31 Zi.* | *Tel. 05 28 80 00 26* | *www.hotelsalama.com* | €–€€

FREIZEIT & SPORT

KLETTERN

Die Region rund um Tafraoute wird gerade als Klettergebiet entdeckt. Wer eine eigene Ausrüstung mitbringt, findet hier Möglichkeiten, diesem Hobby nachzugehen. Derzeit entsteht das Tafraoute-Ammelntal-Kletterprojekt, bei dem Klettergärten ausgebaut werden sollen.

ZIELE IN DER UMGEBUNG

LES PEINTURES ★ [128 A4]

4 km südlich von Aguar Oudad liegen die „Blauen Steine", Kunstwerke, geschaffen aus Felsen und 20 000 kg Farbe. Diese wurde nach altägyptischen Rezepten von dem belgischen Künstler Jean Vérame hergestellt, der die bis zu 30 m hohen Felsen auch bemalte. Das Gesamtkunstwerk in den Farben Blau, Rot, Violett und Schwarz fügt sich harmonisch in die Landschaft ein, die von Granitfelsen umrahmt wird. Je nach Tageslicht verändern sich die Farben und geben ein phantastisches Schauspiel ab. Man kann in knapp eineinhalb Stunden von Tafraoute hierher wandern oder aber mit dem Auto den Hinweisschildern folgen.

TASGUENT ★ [128 A4]

Dieser Agadir (Speicherburg) ungefähr 10 km nordöstlich von Tafraoute ist ohne Beispiel: Sieben Stockwerke sind aus Schiefersteinen erbaut und mit Arganienholz gestützt. Kein Mörtel wurde für den Bau verwendet. Die Speicherburg wird bis heute gut bewacht, da sie eine heilige Holztafel beherbergt. Sie ist nach Angaben der Bewohner über 1000 Jahre alt und enthält eine Schrift über das Gewohnheitsrecht der Berber. Des Weiteren gibt es hier 200 Parzellen, in denen das Hab und Gut der Bevölkerung, die rund um die Speicherburg lebt, aufbewahrt wird.

TIZARGANE [128 A4]

Die Speicherburg aus dem 13. Jh. krönt einen Felsen 48 km nördlich von Tafraoute und ist beeindruckend. Drei Familien leben hier oben und bewachen etwa 300 Speicherparzellen, die jedoch nicht alle gefüllt sind. Jamal Moussali *(Mobiltel. 06194 1350)* ist der Schlüsselwächter und schließt bei Besichtigungen auch schon einmal die ein oder andere Parzelle auf.

VALLÉE DES AMMELN ★ [128 A4]

Das Tal, das seinen Namen von den Ammeln, einer hier lebenden Berbergruppe, hat, ist ein Muss für jeden Liebhaber von beeindruckenden Landschaften. Kleine Dörfer kleben wie Adlerhorste hoch an den Felsen. Hier wachsen Mandelbäume und Arganien. 16 km lang erstreckt sich dieses kleine Tal, 4 km nördlich von Tafraoute beginnend, in Ost-West-Richtung. Neben der beeindruckenden Landschaft sind es aber vor allem die traditionellen Häuser, die dem Tal seinen Reiz geben: Die Bauten sind mit Zinnen bewehrt und die Fronten mit Schieferplatten und weißen Bemalungen verziert. In *Oumesnat* befindet sich ein kleines ethnografisches Museum, die *Maison Traditionelle* Insider Tipp. Ahmed und Moustapha, Vater und Sohn, führen durch ihr ehemaliges Wohnhaus, machen eine traditionelle Teezeremonie mit den Gästen, erzählen viel zur Geschichte der Ammeln und erklären die Gegenstände im Haus. Außerdem darf man Arganienöl kosten und das sogenannte Berbernutella, eine Paste aus Honig, Mandeln und Arganienöl. *Eintritt 20 DH*

Kunstwerk in der Steinwüste: die von Jean Vérame bemalten Felsen

> KASBAHS, WÜSTE UND OASEN

In Marokkos großem Süden treffen Sie auf herrliche Landschaften und eine einzigartige Baukultur

> Le Grand Sud, der Große Süden, umfasst die Region südlich des Hohen Atlas. Er zieht sich vom Atlantik bis nach Algerien und grenzt im Süden an die Westsahara. Es ist das Land der Beduinen, der Hirten und Oasenbauern. Hier beginnt die Wüste, die bis in den Senegal hineinreicht.

„Vielleicht hat Gott die Wüste nur erschaffen, damit sich der Mensch an den Oasen erfreut", so zumindest sagt es eine Weisheit der marokkanischen Wüstenbewohner. Und tatsächlich: Leuchtend grün heben sie sich von dem Braun und Ocker der Landschaften, die sie umgeben, ab. Daneben stehen herrschaftliche Lehmburgen, sogenannte Kasbahs, und Lehmdörfer, auf Arabisch Ksur.

Das Land ist geschichtsträchtig. Hier verliefen einst die großen Handelsrouten, hier waren riesige Warenumschlagsplätze, von denen heute kaum noch etwas zu sehen ist. Sijilmassa, die sagenumwobene Haupt-

Bild: Oase Skoura im Dadès-Tal

DER GROSSE SÜDEN

stadt, zu ihrer Blütezeit im 10./11. Jh. so prächtig wie Fès oder Marrakech, ist untergegangen: Rissani, das auf dessen Ruinen erbaut wurde, ist ein verschlafener Ort, und der Geist der großen Zeit ist dahin. Und mit ihm die großen Kriege – um Wasser, Kontrolle der Karawanenwege und Gold. Heute ist das Land befriedet. Der einzige Kampf, der hier noch stattfindet, ist der gegen die Naturgewalten. Versandungen bedrohen die Oasen, die man durch Zäune zu schützen sucht, aber nicht immer mit Erfolg.

Für Touristen ist der Große Süden vor allem wegen der vielen Oasen, der sogenannten Straße der Kasbahs und der herrlichen Gebirgs- und Wüstenlandschaft von Interesse. Hier kann man ohne Probleme ganze Monate verbringen – und wird sich bei der heimischen, meist berberischen Bevölkerung immer wie zu Hause fühlen: Willkommen!

ERFOUD

[129 F2] **Erfoud ist der Hauptort des Tafilalt, der größten Oase Marokkos, und mit seinen etwa 25000 Einwohnern ein sympathisches kleines Städtchen.** Wer die Oasenbauern der Region beobachtet und sich ein wenig durch den bunten Basar treiben lässt, hat das Gefühl, die Zeit sei stehengeblieben. Sie ist es nicht! Ambitionierte Tourismusprojekte, eine Hotelschule (die einzige des Landes) und eine neue Teerstraße, die die Versorgungsmöglichkeiten im ganzen Gebiet verbessert, zeigen, dass auch das Tafilalt mit Erfoud den Anschluss an die moderne Welt nicht verpasst hat.

SEHENSWERTES

Hübsch ist der kleine Basar der Stadt. Alljährlich im Herbst findet in Erfoud das Dattelfest mit einem riesigen Markt und der Wahl zur Miss Dattel statt. Dann kommen Menschen aus ganz Südmarokko zusammen und feiern. In dieser Zeit kann es schwer sein, eine Unterkunft zu finden. Reservierungen sind angebracht.

Einzigartig ist das 30 km lange Dünengebiet Erg Chebbi

ESSEN & TRINKEN

Unter den vielen kleinen Straßenlokalen ist vor allem das *Restaurant des Dunes (Tel. 05 35 57 67 93 | €)* am Ortsausgang Richtung Er-Rachidia zu empfehlen.

EINKAUFEN

Erfoud gilt als Zentrum für Fossilien, und so ist es auch nicht weiter verwunderlich, dass man an jeder Ecke welche kaufen kann. Vorsicht jedoch vor den vielen Fälschungen! Laien erkennen sie am zu niedrigen Preis und daran, dass das Motiv allzu häufig angeboten wird. Echte Fossilien sind teuer und sehen selten so glatt aus wie die Fälschungen. Der große Wochenmarkt findet samstags statt.

ÜBERNACHTEN

Kleinere und einfache Hotels finden Sie in der Avenue Mohammed V, mit ordentlichen Zimmern ab 10 Euro.

KSAR JALLAL

Außergewöhnlich stilvolles Hotel mitten im Nichts. 25 km von Erfoud entfernt erlebt man hier einen herzlichen Empfang, herrlich eingerichtete Zimmer, teilweise mit Balkonen. *7 Suiten | Oasis de Fezna, Jorf | Tel. 05 35 78 95 07 | www.ksarjallal.com | €€–€€€*

XALUCA MAADID

Dies ist ein riesiger Kasbahkomplex, der fast schon an eine Attraktion von Disneyland erinnert: sehr schöne Zimmer, großer Swimmingpool, schöner Garten. *104 Zi. | an der Straße nach Er-Rachidia, etwa 5 km außerhalb | Tel. 05 35 57 84 50 | www.xaluca.com | €€*

ZIELE IN DER UMGEBUNG

ARTESISCHER BRUNNEN [129 F2]

17 km nördlich von Erfoud liegt ein großes Brunnenareal, in dem Wasserfontänen gen Himmel stieben. Hier ist Wasser reichlich vorhanden, doch leider taugt es nicht für die Bewässerung, da es stark salzhaltig ist.

ERG CHEBBI ★ [129 F2–3]

200 m hohe Dünen, ein Meer aus Sand und feuerrote Sonnenaufgänge: Das ist der Erg Chebbi, das größte Sanddünengebiet Marokkos, 65 km südöstlich von Erfoud. Für viele Wüstenneulinge erfüllt der Erg, die Sandwüste, jedes Klischee, das man von einer Wüste haben kann, auch wenn leere Sardinendosen und Wasserflaschen in den Dünenmulden sichtbares Zeugnis von allzu viel Lagerfeuerromantik sind. Doch wer sich weiter in die Dünen hineinwagt und ein paar Tage hier verbringt, vielleicht sogar mit dem Kamel für

MARCO POLO HIGHLIGHTS

★ Erg Chebbi
Sanddünen, so weit das Auge reicht (Seite 79)

★ Gorges du Todhra
Steil ragen die Felsen in dieser Schlucht auf. Kletterer hängen an den Wänden, und Nomaden ziehen mit ihren Ziegen durch das Tal (Seite 87)

★ Gorges du Dadès
Einzigartige Felsformationen und wunderschöne Kasbahs verleihen dem Tal eine unvorstellbare Pracht (Seite 89)

★ Vallée du Drâa
Die lange Flussoase gilt als einer der schönsten Orte Marokkos (Seite 91)

ein paar Stunden in die Dünen reitet oder nachts, bei Vollmond, spazieren geht, kann hier die wahre Wüste erleben. Hauptort des Erg Chebbi ist *Merzouga*, das auch mit öffentlichen Verkehrsmitteln erreicht werden kann und das neben ein paar kleinen Hotels auch über eine kleine Oase verfügt. Unterkunft bieten im Erg Chebbi auf etwa 15 km Länge kleine, meist einfache Herbergen und Hotels, die sich am Fuß des Dünenkamms befinden. Eine Ausnahme darunter ist das schicke *Dar el Janoub*, das „Haus des Südens". Geschmackvoll eingerichtet, direkt an den Dünen und sogar mit kleinem Pool *(21 Zi. Hassi-Lablied | Tel. 05 35 57 78 52 | www.dareljanoub.com | €€)*. Direkt daneben – etwas größer, etwas weniger nobel, aber auch sehr schön und stilvoll – befindet sich das Hotel *Kasbah Tombouctou (60 Zi. Tel. 05 35 57 70 91 | €–€€)*.

Insider Tipp

ERG SNEGGI [129 F3]

Diese sehr viel kleinere Dünengebiet südlich von Taouz ist bislang noch kaum bekannt. Auch wenn die Dünen nicht so hoch sind wie die im Erg Chebbi, so ist diese Region doch insofern sehr interessant, als hier kaum Touristen zu finden sind und man so wirklich die Wüste allein erleben kann. *95 km südöstlich*

Insider Tipp

FIGUIG [125 F6]

Direkt an der Grenze zu Algerien, 400 km östlich von Erfoud und fern jeder Busreiseroute, liegt Figuig. Die Anreise vom nächsten Hotel in Er-Rachidia bzw. Oujda im Norden dauert je nach Wetterverhältnissen fünf bis zehn Stunden. Doch der weite Weg lohnt sich für diejenigen, die unverfälschtes Oasenleben suchen. Figuig besteht aus sieben Lehmdörfern, etwa 150000 Dattelpalmen und wird bewohnt von knapp 50000 Menschen, die überwiegend vom Gemüse- und Obstanbau leben. Die Oase speist sich aus etwa 30 artesischen Quellen, deren Wasser durch *Foggaras*, unterirdische Kanäle und Schächte, zu den Feldern geleitet wird.

Ein Aufenthalt hier ist entspannend. Die Menschen sind freundlich, und die Oasengärten laden zum Spazierengehen ein. In dem kleinen Dorf *Ksar el Hammam al Foukani* gibt es eine warme Quelle (32 Grad), die unterirdisch liegt und die man besichtigen kann. Hier baden vor allem die Männer des Orts – in voller Montur können hier jedoch auch Frauen das Wasser genießen. Taschenlampe nicht vergessen! Speisen und übernachten können Sie in der schönen, authentischen, sehr einfachen, aber bezaubernden *Auberge Oasis*. Einfach, aber mit garantiertem Familienanschluss und sehr gutem Essen *(4 Zi. | Tel. 05 36 89 92 20 | www.auberge-oasis.com | €*

Insider Tipp

HIMMELSTREPPE UND GOLDENE SPIRALE [129 F2]

Zwei Kunstwerke inmitten der Wüste, 29 km nordwestlich von Erfoud. Der deutsche Künstler Hannsjörg Voth hat eine Lehmtreppe, die ins Leere des Himmels führt, sowie eine Spirale errichten lassen. Sie ist nur nach Voranmeldung und nur mit dem Künstler selbst oder dem einzigen autorisierten Führer, Ahmed Ben

Saddik, zu besichtigen. Voranmeldung zwingend notwendig unter *Mobiltel. 06 68 65 18 28 Besichtigung 200 DH pro Person*

MAADID [129 F2]

3 km nördlich von Erfoud liegt dieses kleine Lehmdorf. Einzigartig ist das prächtige Eingangstor aus der Almohadenzeit, eines der wenigen Zeugnisse aus dem 12. Jh., die man in dieser Region noch finden kann. Auch ein kleiner Bummel durchs Dorf macht Spaß.

Das dreibogige Stadttor von Rissani ließ Hassan II. errichten

RISSANI [129 F2]

Von der alten Hauptstadt Sijilmassa, der Vorgängerstadt von Rissani, ist heute nichts mehr erhalten – nicht einmal der kleinste Ruinenrest. Rissani (5000 Ew.) ist eine kleine Wüstenstadt 22 km südlich von Erfoud mit pittoresken Lehmdörfern in direkter Nachbarschaft, einem großen, sehr schönen und lebendigen Markt am Sonntag sowie einer kleinen touristischen Infrastruktur. Besonders interessant ist das *Ksar Abouam* mit der *Kasbah Moulay Isma'il.* Dieses gut erhaltene Lehmdorf ist von kleinen Gassen durchzogen und hat viele schöne Innenhöfe. Auffallend ist das Eingangstor zum Ksar, das von zwei Türmen flankiert wird. Da Rissani auf dem Programm vieler Reiseveranstalter steht, gibt es hier neben bettelnden Kindern und selbst ernannten Führern auch Souvenirshops. Unterkunft finden Sie in der herrlichen und stilvollen *Kasbah En Nasra* nahe Rissani.

Hier wohnt man nicht nur sehr schön, hier erlebt man eine Oase inmitten der Wüste *(15 Zi. | Ksar Labtami | Tel. 05 35 77 44 03 | www.kasbahennasra.com | €€–€€€).*

SOURCE BLEUE DE MESKI [129 F2]

Diese herrliche Quelle liegt inmitten eines großen Palmenhains. Das Wasser fließt durch mehrere Steinbecken und erneuert sich alle zwei Stunden von selbst. Während in den vorderen Becken heilige Fische schwimmen, die man nicht stören sollte, ist das hinterste Becken, das größte, ein öffentliches Schwimmbad. Ein kleines Café bietet frischen Tee. Da die Quelle direkt an einem Campingplatz liegt, gibt es gute sanitäre Anlagen, die man nutzen kann. *60 km nördlich von Erfoud*

VERSTEINERTES KORALLENRIFF [129 F2]

15 km von Erfoud, an der alten Piste nach Merzouga, befindet sich ein versteinertes Korallenriff. Wer Geduld hat, kann hier selbst suchen, ansonsten bieten Händler (leider oftmals gefälschte) Fossilien an.

>LOW BUDGET

- Einfach und günstig wohnen mit Familienanschluss: In der kleinen Auberge *Ait Ali Oulhaj* in El-Kelaat M'Gouna *(Tel. 06 68 88 61 31 | €)* wird man herzlich aufgenommen und erlebt echtes marokkanisches Leben in Lehm! Die Auberge ist Mitglied in einem Verband für sogenannten *Tourisme Solidaire (www.tourisme-atlas.com)*, der sich für einen fairen Tourismus einsetzt und dem weitere einfache, aber sehr schöne kleine Hotels angeschlossen sind.
- Wer einmal einen Hauch von Sandwüste erleben möchte, ohne dafür weit zu reisen, kann von Zagora aus mit öffentlichen Verkehrsmitteln eine Stippvisite nach *Tinfou* machen, das 20 km südlich liegt. Hier finden sich ein paar sehr hohe Dünen. Sammeltaxis fahren ständig.

OUARZAZATE

[128 C3] **Ouarzazate (46 000 Ew.) ist ein modernes Städtchen, das sich in den letzten Jahren zu einem kleinen Touristenzentrum gemausert und vor allem wegen der nahe gelegenen Atlas-Studios an Bedeutung gewonnen hat.** Mit dem Hohen Atlas im Norden, der Wüste im Süden und dem großen Stausee El-Mansour-Eddahbi im Osten der Stadt verfügt Ouarzazate über eine phantastische Kulisse. Die sympathische Stadt eignet sich hervorragend als Ausgangspunkt für viele Ausflüge in die Umgebung, vor allem für diejenigen, die nicht planen, längere Zeit im Drâatal oder in den Orten entlang der Straße der Kasbahs zu bleiben.

SEHENSWERTES

KASBAH DES CIGOGNES

Auf der Südseite des Flusses liegt der Ortsteil Tabount, in dem sich die prachtvolle Storchenkasbah, befindet. Es handelt sich hierbei um eine alte Festung, deren Mauern vielen Störchen eine Heimat bietet. *Eintritt frei*

KASBAH TAOUIRT

Dieser auffallend schöne Kasbahkomplex an der Straße nach Skoura war einst Herrschersitz des Berberfürsten El Glaoui. Er besteht aus einer Kasbah und einem großen Wehrdorf (Ksar), in dem einige Hundert Menschen leben. Die Kasbah kann man für 10 DH besichtigen. Einige der Zimmer sind mit herrlichen Wand- und Deckenmalereien versehen. Die Gänge und Zimmer innerhalb des Gebäudes sind verschachtelt und geben einen ausgezeichneten Überblick über die Architektur der einstigen Prestigebauten. Im sich daran anschließenden Dorf kann man sich frei bewegen. Wenn sich Führer anbieten: Sie sind weder für die Kasbah noch das Dorf von Nöten. Lassen Sie sich nicht von den aufdringlichen Teppichhändlern am Eingang schrecken: Im Dorf ist es ruhiger.

ESSEN & TRINKEN

CHEZ DIMITRI

Stilvoll eingerichtetes Restaurant an der Hauptstraße, das nur abends geöffnet ist und internationale Speisen serviert. *Tel. 05 24 88 73 46* | €€

LA FIBULE

Kleines, einfaches Restaurant an der Hauptstraße mit gutem Essen. €

LES JARDINS DE OUARZAZATE

Schön essen können Sie auch im Gartenrestaurant dieses Hotels. Neben einem guten Speiseangebot und Bierausschank ist es vor allem der zauberhafte Garten mit dem großen Pool, der den Aufenthalt hier so angenehm macht. €€

EINKAUFEN

Alkohol, Schinken, Konserven, Schokolade und andere europäische Lebensmittel sowie Hygieneartikel und Gaskartuschen, die man sonst in den kleinen Läden des Landes nicht bekommt, gibt es in den beiden Supermärkten *Dimitri (an der Hauptstraße)* und *Dadès (Avenue de la Poste)*. Ein kleiner Suq befindet sich in der Parallelstraße zur Hauptstraße. Schön und ohne Touristenandrang ist der Wochenmarkt dienstags in Tabount, südlich des Oued Ouarzazate, etwa 3 km vom Zentrum entfernt.

Zum Einkaufen von Souvenirs oder Proviant gibt es viele Gelegenheiten

ÜBERNACHTEN

DAR DAIF

Das sehr hübsche kleine Gästehaus im Riadstil liegt etwa 5 km außerhalb des Zentrums von Ouarzazate bei der Storchenkasbah. Fünf geschmackvoll eingerichtete Zimmer, drei Suiten, ein kleiner Pool und eine wunderschöne Lage. Das Hotel bietet auch Trekkingtouren mit einer marokkanischen Bergführerin an. *Tel. 05 24 85 42 32 | von gigantischem Ausmaß! 27 Zi. | Tabount | Tel. 05 24 85 42 00 | Fax 05 24 85 43 23 | www.lesjardinsdeouarzazate.com | €€*

Berühmte Regisseure haben in Ait Ben Haddou bekannte Filme gedreht

Fax 05 24 85 49 48 | www.dardaif.ma | €€

DAR KAMAR

Inmitten des alten Ksar Taourit liegt dieses schöne Gästehaus. Noble Zimmer, ein hauseigenes Hammam und sehr stimmungsvoll. *11 Zi. | Taouirt | Tel. 024 88 87 33 | Fax 024 88 87 32 | www.darkamar.com | €€*

LES JARDINS DE OUARZAZATE

Schönes, sehr marokkanisches Hotel im Kasbahstil am Ortseingang von Tabount, mitten in der Palmeraie; herrlicher Garten, Swimmingpool

TERRASSE DES DÉLICES

Dieses wirklich einfache, aber stimmungsvolle Hotel liegt etwas außerhalb von Ouarzazate in der kleinen Oase Fint. Fünf nett, aber simpel eingerichtete Zimmer befinden sich um einen Innenhof mit aus Lehm inmitten herrlicher Landschaft. *Tel. 06 68 51 56 40 | www.terrassedesdeliceshotelouarzazate.com | €*

FREIZEIT & SPORT

Auf dem nahe gelegenen Stausee ad-Dahabi kann man mit eigener Ausrüstung segeln und surfen. Auch ein Golfplatz befindet sich hier.

AM ABEND

In den Restaurants *Fint* und *Le Ouarzazate* finden abends regelmäßig Dinnerspektakel statt. Diese sind in der Regel allerdings eher schlapp und meist wenig sehenswert. Ansonsten flaniert man in Ouarzazate abends die Hauptstraße entlang oder geht in die *Eisdiele* an der *Place 3 Mars*

AUSKUNFT

An der Hauptstraße am Abzweig nach Zagora | Tel. 05 24 88 24 85

ZIELE IN DER UMGEBUNG

AIT BEN HADDOU [128 C3]

Das faszinierende Lehmdorf 34 km nordwestlich von Ouarzazate ist kulturelles Welterbe und steht unter dem Schutz der Unesco. Malerisch am Fuß eines Hangs gelegen, diente es als Filmkulisse für verschiedene Filme, u. a. „Sodom und Gomorrha", „Gladiator", „Asterix und Cleopatra" sowie zahlreiche Bibelfilme. In der einst sehr lebendigen Stadt leben heute noch 15 Familien in einem Labyrinth aus Gassen und Wegen. Unterkunft finden Sie in einer originalen und zauberhaften Kasbah nur wenige Kilometer von Ait Ben Haddou Richtung Telouet entfernt: *Kasbah el Louze* (*9 Zi. | Tamraght | Tel. 05 24 89 04 59 | www.kasbahellouze.com | €€*). Insider Tipp

CASCADES TIZGUI [128 C3]

Die Wasserfälle von Tizgui liegen malerisch in einer canyonartigen Landschaft im nördlichen Drâatal. Ist genügend Wasser da, kann man in einem kleinen, natürlichen Wasserbecken baden und sogar eine Wasserrinne als Rutsche benutzen. Omar, ein freundlicher Berber, betreibt hier ein sehr kleines, bescheidenes Freiluftcafé und bietet vorbeikommenden Touristen Tee an. *58 km südlich*

EL-KELAAT M'GOUNA UND VALLÉE DES ROSES [128–129 C–D2]

Das kleine Städtchen liegt herrlich am Zusammenfluss von M'Goun und Dadès, 92 km nordöstlich von Ouarzazate. Im Hintergrund zeigt sich der zweithöchste Berg Marokkos, der Jbel M'Goun (4071 m), von dem sich

> OASENFELDBAU IM SÜDEN

Von Wasserrecht und Eigentum

Oasenfeldbau in Marokko wird immer noch traditionell nach dem Khamasat-System betrieben. Das bedeutet Fünfteilung, in diesem Fall eine Fünfteilung der landwirtschaftlichen Produktionsfaktoren: Landbesitz, Saatgut, Wasser, Arbeitsgerät und Arbeitskraft. Sie werden entsprechend bei der Aufteilung der Ernte auch bewertet. Doch so einfach das klingen mag, das System ist kompliziert. Verwirrende Überlieferungen und komplizierte Erbgeschichten führen dazu, dass ein Bauer Wasserrechte auf ein Terrain hat, das er nicht besitzt, dafür Land, für das er kein Wasserrecht hat. So wird Wasser immer hin und her verkauft, und nur der Wasserwächter weiß, wem was gehört.

das Rosental, Vallée des Roses, bis nach Kelaat zieht. Das Städtchen ist heute vor allem Marktort und Ausgangsort für Trekkingtouren in die Umgebung. Das Rosental hat seinen Namen von den vielen Rosengärten, die sich von Kelaat weit nach oben in die Berge ziehen, immer umgeben von schroffer Landschaft und vielen kleinen Lehmdörfern. Ein Besuch lohnt vor allem am Mittwoch, wenn der **Insider Tipp** sehr ursprüngliche Markt stattfindet, oder während des Rosenfests im Mai. Übernachten können Sie in der einfachen, aber sehr romantischen **Insider Tipp** *Kasbah Itrane | 10 Zi. | an der Piste ins Rosental | Tel. 05 24 83 71 03 | www.kasbahitran.com | €*

SKOURA [128 C3]

Dieser wunderschöne Oasenort 40 km nordöstlich von Ouarzazate ist vor allem wegen seiner vielen privaten Kasbahs interessant. Eine der größten zugänglichen ist die *Kasbah Amerdhil* im Ortszentrum. Sie gilt als eine der schönsten. Im Gebäude ist auch ein kleines Museum untergebracht, wo Tee serviert wird. Statt eines Eintritts erwartet man eine Spende *(20–30 DH)*. Übernachten können Sie im herrlichen Hotel *Les Jardins de Skoura (8 Zi. Tel. 052 4x 85 23 24 | www.lesjardinsdeskoura.com | €€)* oder der angenehmen und netten, aber etwas einfacheren *Auberge Chez Talout (9 Zi. | Tel. 06 62 49 82 83 | www.talout.com | €–€€)*.

TAZENAKHT [128 C3]

Der Ort 90 km südwestlich von Ouarzazate ist vor allem für seine Glaoui- und Ouzgita-Teppiche bekannt, die nur hier hergestellt werden. Die originalen Teppiche werden mit Safran und anderen Naturmaterialien gefärbt und nach traditionellen Mustern gewebt, geknüpft und bestickt. Besonders interessant ist der Besuch donnerstags und freitags, wenn großer Markt ist und die Teppiche versteigert werden.

TINGHIR

[129 E2] **Tinghir (30 000 Ew.) ist das Markt- und Verkehrszentrum für knapp 100 Dörfer in der Umgebung.** Entsprechend ländlich wirkt das Städtchen, dessen Einwohner trotz eines expandierenden Tourismus vor allem vom

> EIN MANN UND DIE OLIVEN

Pionierarbeit vom Feinsten

Fern jeder Stadt, irgendwo im Niemandsland zwischen Midelt und Figuig, in einem Landstrich ohne Strom und fließend Wasser, hat Thomas Friedrich aus Euskirchen ein außergewöhnliches Projekt verwirklicht: Er hat inmitten der Wüste eine Olivenplantage aufgebaut – und ist, entgegen allen Erwartungen und zum Erstaunen der meisten Marokkaner, erfolgreich damit. Wer möchte, kann Thomas Friedrich auf seiner Plantage besuchen, er hat Gästezimmer, die jedoch – wie nicht anders zu erwarten – auch ohne Strom und fließend Wasser sind *(www.friedrichnaturediscovery.de)*.

Oasenanbau leben. Bekanntheit erlangte Tinghir besonders durch die beeindruckende Todhra-Schlucht, an deren Eingang das Städtchen liegt, und wegen seiner Lage in der bekannten „Straße der Kasbahs". Auf knapp 1400 m Höhe befindet sich Tinghir mitten in den Bergen, die eine schöne Kulisse für den Ort bilden und wunderbare Möglichkeiten für Wanderer bieten.

El-Kelaat M'Gouna sollten Sie möglichst während des Rosenfests im Mai besuchen

SEHENSWERTES

GORGES DU TODHRA ★

Die Schlucht beginnt am Ostausgang von Tinghir und zieht sich 15 km nach Norden. Rechts und links liegen Lehmdörfer, die aussehen, als hätte man sie an die Felsen geklebt. Nicht zu Unrecht behaupten die Menschen hier, die Todhra sei die schönste Oase des Landes. Je weiter man in der Schlucht nach oben gelangt, desto enger wird es, bis man am hinteren Ende das Gefühl hat, die Felsen zu durchbrechen. Hirten treiben ihre Ziegen durch die Felsen, und oben hängen Kletterer an den Wänden.

OASENGÄRTEN

Im Osten der Stadt beginnen die Oasengärten. Hier kann man – im Gegensatz zu den Oasengärten am Eingang zur Schlucht – in aller Ruhe spazierengehen. Kleine Wege führen an Bewässerungskanälchen entlang durch Palmenwälder und Felder, auf denen die Menschen zusammen mit Eseln und Maultieren arbeiten. Für Spaziergänge hier ist kein Führer notwendig, in den Oasengärten der

Schlucht hingegen können Führer recht hilfreich gegen aufdringliche Kinder sein.

ESSEN & TRINKEN ÜBERNACHTEN

Unterkunft finden Sie auch in sehr einfachen Zimmern oder im Zelt auf den Campingplätzen in der Schlucht. Kleine Restaurants gibt es im Zentrum sowie am Eingang zur Schlucht.

AMAZIR

Das kleine, einfache, aber sehr sympathische und saubere Hotel liegt am oberen Ende der Schlucht inmitten von Oasengärten; mit Pool. *20 Zi. Tel. 05 24 89 51 09 | Fax 05 24 89 50 50 | www.lamazir.com* | €–€€

KASBAH LAMRANI

Neues Hotel im Kasbahstil, ansprechend und sehr sauber, mit Pool und Garten. *22 Zi. | am Ortseingang (von Boumalne kommend) | Tel. 05 24 83 50 17 | Fax 05 24 83 50 27 | www.kasbahlamrani.com* | €€

TOMBOCTOU

Untergebracht in einer sehr schönen Kasbah aus den 1940er-Jahren, ist dieses Hotel mit Swimmingpool zwar hübsch, aber leider etwas ungepflegt. Im Restaurant bekommen Sie ein gutes Menü in angenehmer Atmosphäre; mit Alkoholausschank. *21 Zi. | Tel. 05 24 83 51 91 | Fax 05 24 83 35 05 | www.hoteltombouctou.com* | €€

EINKAUFEN

CHEZ MICHELLE

Die Französin Michelle betreibt am Ortseingang (von Boumalne kommend) einen kleinen Supermarkt mit europäischem Käse, Alkohol und anderen, für Marokko eher unüblichen Lebensmitteln.

In den Oasengärten von Tinghir finden sich auch nette Hotels

DER GROSSE SÜDEN

FREIZEIT & SPORT

Ein Klettergarten in der Todhraschlucht bietet Kletterfreunden mit eigener Ausrüstung anspruchsvolle Wände.

ZIELE IN DER UMGEBUNG

AGHBALOU N'KERDOUS [129 E2]

Dieser kleine, sympathische und auffallend gepflegte Ort inmitten des Hohen Atlas ist nur mit einem Geländewagen zu erreichen. Bereits die Fahrt dorthin ist atemberaubend. Sie führt durch enge Täler und Schluchten. Es gibt jedoch kein Café o.ä. unterwegs. *104 km nordöstlich*

GORGES DU DADÈS ★ [129 D2]

Boumalne ist ein lebendiges Marktzentrum 70 km westlich von Tinghir am Fuß der Gorges du Dadès, die sich etwa 45 km nach Norden winden. Die Dadès-Schlucht ist für ihre faszinierenden Felsformationen und die gigantischen Kasbahs bekannt, von denen die meisten jedoch nicht besichtigt werden können. Sie liegen rechts und links des Flüsschens Dadès. Ist ausreichend Wasser da, sieht man hin und wieder sogar Kanufahrer. Mit einem Geländewagen kann man von hier über Pisten in die Todhra-Schlucht fahren (nur mit Führer oder für erfahrene Fahrer zu empfehlen). Unterkunft und Essen in Boumalne im angenehmen Hotel *Kasbah Tizzarouine* mit 51 Zimmern, *Tel. 024 83 06 90 | Fax 024 83 02 62 | www.kasbahtizzarouine.com | €€*, oder in der Schlucht in dem einfachen, aber anheimelnden, hübschen Riad *Les Vieilles Charrues (5 Zi. | Tel. 05 24 83 06 52 | http://riadv.ifrance.com | €)*.

GOULMIMA [129 E2]

Der östlichste Ort an der Straße der Kasbahs, 95 km nordöstlich von Tinghir, ist zugleich Zentrum der schönen Oase *Rheris*, die aus über 20 Lehmdörfern und mehreren 100000 Dattelpalmen besteht. Goulmima ist eine moderne Kleinstadt (14000 Ew.), die meist von Touristen vernachlässigt wird – zu Unrecht, denn Goulmima selbst hat einen herrlichen alten Ksar, der vollständig erhalten ist. In kaum einem anderen Ort Südmarokkos kann man so gut die alten Wehrmauern und Torbögen sehen wie hier. Die Französin Madame Odile betreibt im alten Ksar ein privates *Gästehaus* mit Garten, *(5 Zi. | Tel./Fax 05 35 78 40 04 | www.palmiersgoulmima.com | €)*.

Wenn das Flüsschen Dadès genug Wasser führt, wird gepaddelt

IMILCHIL [129 E1]

Der kleine Ort (7000 Ew.), der vor allem wegen seines Hochzeitsmarkts im August bekannt ist, liegt auf 2160 m Höhe. Er wird von einer riesigen Kasbah dominiert. Imilchil ist ein idealer Ausgangspunkt für Wanderungen in die eindrucksvolle Umgebung, zumal es hier mehrere kleine, einfache Hotels gibt. Samstags

Immer wieder samstags ist Markttag in Imilchil

findet ein sehr ursprünglicher Markt statt. Unterkunft in einfachen Herbergen im Ort oder am 4 km außerhalb gelegenen *Lac Tislit. 124 km nördlich | zurzeit nur mit Geländewagen zu erreichen, eine Straße ist in Bau*

JBEL SAGHRO [128–129 C–D3]

Das Wüstengebirge ist durchschnittlich 2900 m hoch; südlich des Hohen Atlas, erstreckt es sich über 320 km von Ouarzazate in Richtung Er-Rachidia. Dies ist der trockenste und wärmste Gebirgszug Marokkos. Die Landschaft ist vielfach zerklüftet und bildete in Urzeiten zum Teil riesige Erhebungen, wie die beiden Türme des *Bab 'n' Ali.* Vor allem in den Monaten Oktober bis März kann man hier außergewöhnliche Trekkingtouren unternehmen oder die Gegend per Geländewagen erkunden. Entlang der wichtigsten Pisten stellen kleine *Gîtes d'Étapes* Zimmer zur Verfügung, die jedoch meist sehr einfach ausgestattet und ohne Strom sind.

TINJEDAD [129 E2]

Das Straßendorf hat einen fast vollständig erhaltenen Ksar in der Oase, den man besichtigen kann. Hierin hat der Spanier Roger Mimo ein altes Haus originalgetreu wieder auf- und zu einem ethnografischen Museum umgebaut. Es gibt in ganz Marokko wohl keinen besseren Anschauungsunterricht zu Lehmbau und Berberwohnkultur als hier. Am besten vorher im Gästehaus anrufen, eine Besichtigung ist jedoch auch ohne Voranmeldung möglich. Unterkunft und Essen bekommen Sie im dazu gehörenden, wunderschönen Gästehaus *El-Khorbat* (| *05 35 88 03 55* | *www.elkhorbat.com* | €€), das elf kleine Suiten in den alten Gemäuern anbietet.

ZAGORA

[129 D4] Zagora (40000 Ew.) ist das Zentrum des ★ *Vallée du Drâa*, des Drâatals, einer Flussoase, die sich von Ouarzazate bis an den Atlantik zieht – theoretisch. Praktisch versandet der Fluss bei M'hamid, etwa 100 km südlich von Zagora. Das Vallée du Drâa ist für viele Marokkokenner das schönste Tal des Landes. Zu ihnen zählt sich auch Bernardo Bertolucci, der hier große Teile seines Filmes „Himmel über der Wüste" drehte. Wie ein grünes Band zieht sich der Fluss mit seiner Palmenoase durch die Landschaft, umgeben von hohen Bergen, Kasbahs und Lehmdörfern.

Einst war Zagora ein Karawanenstützpunkt. Das Schild im Ortszentrum, „52 Tage bis Timbouktou", ist ein letztes Zeugnis dieser Zeit. Heute ist Zagora eine moderne Garnisonsstadt, die unter anderem vom Tourismus lebt. Vor allem Kameltouragenturen haben sich hier niedergelassen, und so entgeht auch kaum ein Gast der Stadt den sogenannten *hommes bleus*, den blauen Männern, die sich als Touareg ausgeben (aber keine sind), um effektvoll für Kameltouren zu werben oder Silberschmuck zu verkaufen. Dennoch lässt es sich hier gut aushalten. Es gibt hübsche Hotels in allen Klassen und viele Ausflugsziele.

SEHENSWERTES

JBEL ZAGORA

Auf dem Hausberg (974 m) befindet sich eine Festung aus dem 11. Jh., deren Reste man besichtigen kann. Viel schöner als die Ruine ist jedoch der Blick von hier oben auf die Datteloasen. Der Aufstieg ist nur zu Fuß möglich.

OASENGÄRTEN BEI AMEZROU

Amezrou ist das Ksar, das sich direkt an Zagora anschließt. Es liegt inmitten von herrlichen Oasengärten, wo man gut der traditionellen Wirtschaft zusehen kann.

ESSEN & TRINKEN

LA BARAKA

Das hübsche Restaurant liegt etwa 1 km außerhalb von Zagora, im *Ksar Amezrou*, an der Straße nach Süden; sehr gutes Essen mit Alkoholausschank. €€

LA ROSE DES SABLES

Einfaches Restaurant im Ortszentrum. Hier werden ausgezeichnete Tajines serviert. *Avenue Allal Ben Abdallah* | €

ZAGORA

ÜBERNACHTEN

Einfache Hotels ab etwa 7 Euro pro Nacht befinden sich nahe der Hauptstraße.

Insider Tipp

DAR RAHA

Ein unglaublich schönes und geschmackvolles Gästehaus im Zagora angeschlossenen Lehmdorf Amezrou. Es ist einfach, in einem Komplex mehrerer Häuser untergebracht, je zwei Zimmer teilen sich ein Bad, liebevoll geführt von einem französischen Paar, das sich mit viel Engagement um die Gäste kümmert. *9 Zi. | Amezrou | Tel. 05 24 84 69 93 | www.darraha.com* | €

RIAD LAMANE

In einem fast paradiesisch anmutenden Garten gruppieren sich hübsche Bungalows, ganz aus Lehm gebaut und individuell eingerichtet. Die Anlage besitzt auch einen großen Swimmingpool und eine hübsche Bar. *14 Zi. | Amezrou | Tel. 05 24 84 83 88 | Fax 05 24 84 83 89 | www.riadlamane.com* | €€

FREIZEIT & SPORT

Zagora ist das Zentrum der Kameltourenanbieter, auch wenn viele Touren von M'hamid ausgehen, zum Beispiel die Agentur *Sahara Services | Tel. 06 61 77 67 66 | www.saharaservices.info*.

ZIELE IN DER UMGEBUNG

M'HAMID [129 D4]

Bei M'hamid 91 km südlich von Zagora versandet der Drâa, und es beginnen die ersten Dünen. Hier starten die meisten Kameltouren, die zwischen einer Stunde und zehn Tagen dauern. M'hamid (9000 Ew.) ist ein richtiges Wüstenstädtchen: Lehmhäuser, Versandungen, traditionell gekleidete Menschen und wenig Infrastruktur, trotz des Kameltourismus. Wer einmal Wüste schnuppern oder auf dem Kamel sitzen möchte, ist hier richtig. Unterkunft und Essen im schönen Zelthotel *Chez le Pacha | 17 Zi. | etwas außerhalb des Orts | Tel. 05 24 84 86 96 | www.chezlepacha.com* | €–€€.

N'KOB UND TAZZARINE [129 D3]

Diese hübschen kleinen Oasenorte liegen abseits der Touristenstrecken und haben kurz ein wenig Bekanntheit durch den preisgekrönten Hollywood-Film „Babel" erreicht, obschon das das Leben in den kleinen Städtchen nicht verändert zu haben scheint. Hier geht es nach wie vor eher ruhig zu, das Leben spielt sich in den Oasengärten und entlang der Hauptstraßen ab. Hier gibt es keine Attraktionen zu sehen – nur unverfälschtes, marokkanisches Kleinstadtleben. Die wunderschöne *Kasbah Imdoukal* (Insider Tipp) bietet Unterkunft in N'kob an und zwar mit Pool und unvergleichlich großem Charme. *20 Zi. | Kasbah Imdoukal, N'kob | Tel. 024 83 97 98 | www.kasbahimdoukal.com | 80 bzw. 110 km nordöstlich von Zagora* | €€

TAMEGROUTE [129 D4]

In Tamegroute, etwa 20 km südöstlich von Zagora, befindet sich das bedeutendste Heiligtum des Drâatals: die Gräber von sieben heiligen Männern des mystischen Naciri-Ordens, der hier seinen Hauptsitz hat. Die Gräber, die in einer klosterähnlichen

Anlage, einer sogenannten *Zaouiya,* untergebracht sind, werden Jahr für Jahr beim großen Moussem von Tamegroute aufgesucht. Für Touristen von größerer Bedeutung als die Gräber ist die Bibliothek der Zaouiya, die eine Sammlung von knapp 4200 Büchern enthält, darunter einige sehr schöne Kalligrafien und Koranexemplare. Die Bücher stammen aus dem 12.–16. Jh. und werden heute in modernen Räumen hinter Glas aufbewahrt. *Besichtigung vormittags | Eintritt frei, aber eine Spende wird erwartet*

Sonntags findet ein großer Wochenmarkt statt, zu dem Bewohner aus der ganzen Umgebung, meist mit ihren Maultieren, kommen.

TAMNOUGALTE [129 D3]

Bekannt ist das Dorf Tamnougalte etwa 90 km nordwestlich von Zagora bei Filmliebhabern vor allem durch Bernardo Bertoluccis Drama „Himmel über der Wüste". Wer den Film gesehen hat, wird das Hotel Transatlantique und das Fort Bounoura schnell wiedererkennen. Aber auch andere Filme wurden hier gedreht, und wer Tamnougalte sieht, wird auch schnell erkennen, weshalb: Bei Tamnougalte handelt es sich um das älteste Ksar (Lehmdorf) Südmarokkos mit drei wunderschönen alten Kasbahs im Dorfkern (die älteste davon ist 250 Jahre alt).

Es gibt keine qualifizierten Führungen durch Tamnougalte, aber es stehen kleine Jungs herum, die einen rumführen möchten. Übernachten können Sie am schönsten im 6 km entfernten Örtchen *Agdz*, in dem kleinen und liebevoll geführten *Dar Qamar* Insider Tipp *(7 Zi. | Tel. 05 24 84 37 84 | www.darqamar.com).*

Moment der Muße: Teezeremonie in Tamegroute

> BERGGIPFEL, HOCHEBENEN UND SCHLUCHTEN

Ob zu Fuß, mit dem PKW oder im Geländewagen: Es gibt viel zu entdecken

Die Touren sind auf dem hinteren Umschlag und im Reiseatlas grün markiert

1 DIE BESTEIGUNG DES JBEL TOUBKAL

Die Besteigung des höchsten Bergs Nordafrikas (4167 m) ist ohne Skiausrüstung nur zwischen Juni und September möglich. Sie ist auch für ungeübte Wanderer zu schaffen – Voraussetzung dafür ist ein sehr starker Wille. Auch sollten Sie unempfindlich gegenüber Höhenluft sein. Dennoch: Das Erklimmen dieses über 4000 m hohen Bergs gehört zu den Highlights für aktiv Reisende und ist – als einzige Wanderung im Hochgebirge Marokkos – auch ohne Bergführer möglich. Maultiertreiber und ihr Tier können Sie für etwa 10 Euro/Tag in Imlil anheuern. Da die Bergbesteigung an einem Tag nicht zu schaffen ist, müssen Sie unterwegs übernachten. Dafür bietet sich die Toubkal-Hütte (ehemals Neltner-Hütte) an. Die Übernachtung auf der Hütte kostet je nach Saison zwischen 6 und 10 Euro pro Person im Mehrbettzimmer. Da es hier weder etwas zu

Bild: Tour im Hohen Atlas

AUSFLÜGE & TOUREN

essen noch Bettwäsche gibt, ist es notwendig, beides mitzubringen. Gasherde und Wasser sind vorhanden.

Ausgangspunkt der Wanderung ist **Imlil** *(S. 57)*. Das Bergsteigerzentrum liegt etwa 70 km südöstlich von Marrakech auf 1800 m Höhe. Drei Berghütten des *Club Alpin Français* bieten auch im tiefsten Winter Unterkunft inmitten der Berge. Imlil selbst verfügt über eine Handvoll kleiner Hotels und *Chambres d'Hôtes* sowie über das phantastische Viersternehotel **La Kasbah du Toubkal** *(www.kasbahdutoubkal.com)*. Wer ein wenig mehr Zeit mitbringt und gern wandert, kann in der Toubkal-Region herrliche Bergtouren mit der Besteigung mehrerer Viertausender unternehmen – nicht aber ohne Bergführer (zu buchen z.B. beim Bergsteigerbüro in Imlil direkt oder bei diversen Reiseveranstaltern). An der einzigen Straßenkreuzung in Imlil geht es rechts ab. Folgen Sie der Wegmarkierung zum Hotel *La Kasbah du Toubkal*. Nach etwa 15 Minuten sind Sie dort. Sie laufen weiter auf dem kleinen Pfad, bis Sie auf eine Piste stoßen, der Sie links folgen. 5 km weiter erreichen Sie das pittoreske Dorf **Aremd**. Es lohnt sich, hier zumindest einen kurzen Stopp einzulegen. Hinter Aremd zieht sich ein langes Talbecken gen Süden. Über Geröll und Steine marschieren Sie auf ebener Fläche in dieses Talbecken hinein. Halten Sie sich links. Nach Regenfällen oder nach der Schneeschmelze kann hier ein reißender Bach fließen, den Sie überqueren müssen. Bald schon sehen Sie am linken Berghang einen kleinen Pfad, der sich steil bergauf windet. Diesem folgen Sie. Wer hier wandert, ist selten allein. Allzu beliebt ist der Weg nach oben, nicht nur für ausländische Touristen. Da auf halber Strecke der heilige Ort **Chamharouche** liegt, pilgern hierher auch viele Marokkaner: Etwa eine Stunde, nachdem Sie den Bergpfad betreten haben, sind Sie dort. Verkaufsbuden bieten Erfrischungen, Teppiche und Devotionalien. Der anstrengende Teil der Wanderung beginnt nun. In steilen Serpentinen windet sich der Weg Meter für Meter nach oben. Schnelle Wanderer schaffen es bis zur Toubkal-Hütte in drei Stunden, doch die meisten brauchen länger.

Auf 3207 m Höhe ist man bei der Hütte angelangt. Hier übernachten die meisten, um dann, drei Stunden vor Sonnenaufgang, loszuziehen und das prächtige Farbenspiel von ganz oben zu genießen. Dazu folgt man einem Pfad, der hinter der Hütte gen Westen führt. Steil geht es entlang einer Felswand nach oben. Da diese im Westen liegt, kommt die Sonne erst spät hierher. Wer zwischen September und Juni unterwegs ist, stößt spätestens hier auf Eisflächen. Es gibt keinen eindeutigen Weg. Halten Sie sich links, dann müssen Sie nicht durch das Geröll laufen, sondern wandern über Rinnen. Haben Sie erst einmal die Felswand überwunden, wird es wieder flacher. Vorbei an großen Felsblöcken, geht es nun fast gemütlich nach oben, bis Sie den Talkessel erreicht haben. Links gelangen Sie über einen Grat zum Gipfel, den Sie als geübter Wanderer nach etwa zwei bis drei Stunden erreicht haben. Genießen Sie den berauschenden Blick von Nordafrikas höchstem Berg!

2 VON AZILAL INS AIT BOUGMEZZ

Die Strecke von Azilal nach Tabannt im Ait Bougmezz (72 km) ist durchgehend asphaltiert und gehört zu den landschaftlichen Höhepunkten in Marokko. Wer offene Trucks oder enge Mikrobusse nicht scheut, kann die Strecke auch mit öffentlichen Verkehrsmitteln fahren. Ansonsten empfiehlt sich ein Mietwagen für diese abgelegene Region. Die touristische Infrastruktur im Ait Bougmezz, das sich auf 1800 m Höhe befindet, ist ausreichend, auch wenn man hier keinen Luxus erwarten darf. Hauptort des Ait Bougmezz ist Tabannt. Hier gibt es mehrere Unterkünfte, kleine Läden, hübsche Cafés und einen kleinen Markt mit Eselsparkplatz am Sonntag. Lohnenswert ist ein Besuch der Dinosaurierspuren, die man nahe Tabannt sehen kann. Außerdem gibt es hier ein Büro zur Vermittlung von

Bergführern, denn Tabannt ist der nördliche Ausgangspunkt zur Atlasüberquerung bzw. der Besteigung des M'Goun, des zweithöchsten Bergs Marokkos. Besonders schön ist der Aufenthalt im August, wenn das Moussem von Tabannt stattfindet. Dann kommen Folkloregruppen aus der Umgebung, und ein riesiger Markt lockt Bauern von nah und fern.

Sie verlassen **Azilal** auf der einzigen Straße Richtung Süden. Auf Serpentinen windet sich die Straße bergauf, vorbei an einzigartigen Kasbahs, die aus Steinen geschichtet wurden. Diese Bauweise findet man nur hier, in diesem Teil des Hohen Atlas. Nach 33 km haben Sie eine Passhöhe erreicht, von der Sie einen herrlichen Blick weit über fruchtbare Täler haben. Nach der Passhöhe gelangen Sie ins **Oued Lakhdar**. Die Straße führt hoch oberhalb eines tief eingeschnittenen Tals vorbei an hohen Wohntürmen. Auf dem Talboden fließt ein kleiner Fluss, den man bequem von Agouti aus erreichen kann, das nach insgesamt 65 km erreicht ist. Hier beginnt das *Vallée des Heureux*, das Tal der Glücklichen, wie das Ait Bougmezz auch genannt wird. Die Hochebene, die insgesamt 30 km lang ist, hat ihren Namen von dem Bach, der hier ganzjährig fließt und somit seine Bewohner in die glückliche Lage versetzt, unabhängig vom Regenfeldbau zu sein.

Insider Tipp

Im Hohen Atlas überrascht üppiges Grün die Besucher

Ab **Agouti**, das am Eingang zum Tal liegt, kann man auch ohne große Anstrengung den Rest der Strecke wandern – immer durch die Ebene, vorbei an Feldern und Gärten. 6 km hinter Agouti erhebt sich der

Mosesberg, **Sidi Musa**, auf dessen Gipfel sich eine kleine Speicherburg sowie ein Heiligengrab befinden. Der Aufstieg dauert etwa 30 Minuten. Ein alter Mann bewacht das Gebäude und führt Besucher gegen ein kleines Trinkgeld herum. Der Blick von hier oben ist atemberaubend. Nur 1 km hinter der Burg ist **Tabannt** erreicht. Hier wohnt man herrlich und fast schon nobel in der aus Lehm erbauten und stilvollen **Ecolodge Dar Itrane** *(18 Zi. | Tel. 05 23 45 93 12 | www.dar-itrane.com | €–€€)*.

Beeindruckend: die Gorges du Dadès

3 VON DER DADÈS- ZUR TODHRA-SCHLUCHT

Zwei gigantische Schluchten, die von der berühmten Straße der Kasbahs abgehen, können auf einer Tagesfahrt durch die phantastische Bergwelt des Hohen Atlas miteinander verbunden werden. Voraussetzung hierfür ist ein gutes Geländefahrzeug sowie Fahrsicherheit. Die Strecke ist etwa 140 km lang, die Fahrt dauert im Sommer einen ganzen Tag, im Winter wegen der verwaschenen Pisten doppelt so lange. Ausgangspunkt ist Boumalne du Dadès, Endziel ist Tinghir. Unterwegs bieten sowohl in der Dadès- als auch in der Todhra-Schlucht viele kleine Cafés und Restaurants angenehmes Ambiente für eine kleine Pause. Wenige Kilometer vor Pistenbeginn können Sie einen kurzen Abstecher zu einem kleinen, herrlich gelegenen Stausee machen. Besonders interessant ist die Tour an einem Samstag, wenn in Msemrir Markt ist und die Nomaden und Bergbauern aus der Umgebung auf ihren Eseln ins Städtchen traben.

Kurz vor **Boumalne** *(S. 89)* – von Kelaat M'Gouna kommend – biegt eine kleine Straße nach links ab. Folgen Sie dieser, sie läuft parallel zum Fluss Dadès, der sich wie ein grünes Band durch das Braun der Berge schlängelt. Im Hintergrund erscheinen die ersten herrschaftlichen Kasbahs. Eine der schönsten des ganzen Landes haben Sie nach 7 km erreicht: **Ait Youl**. Stolz thront sie auf einem kleinen Hügel und ist der Inbegriff berberischen Lehmbaus. Weiter geht es sanft, aber stetig bergauf. Etwa 10 km hinter Ait Youl sind rechter Hand die **Affenpfoten** zu sehen. So zumindest nennen die Einheimischen diese besonderen Bergformationen, die durch Verwitterungen entstanden Etwa 30 km hinter Boumalne steigt die Straße in engen Serpentinen auf 1850 m Höhe. Nur kleine Autos schaffen den Weg nach oben. Im Tal sehen Sie die enge **Schlucht des Dadès** *(S. 89)*, durch die sich türkisgrünes Wasser schlängelt.

Die Straße führt nun ziemlich eben durch gebirgige Landschaft bis nach **Msemrir**, das nach insgesamt 63 km erreicht ist. Doch kurz vorher lohnt ein kleiner Abstecher: 3 km vor Msemrir zweigt eine Piste nach links ab. Folgen Sie dieser ein paar Kilometer durch ein kleines Lehmdorf hindurch. Nach etwa 15 Minuten erreichen Sie die Staumauer. Zu Fuß gelangen Sie zum Ufer des kleinen Sees, der inmitten einer phantastischen Bergkulisse liegt und dessen milchig grünes Wasser eiskalt, aber wunderbar erfrischend ist.

In Msemrir endet die Teerstraße. Kurz nach dem Ort, an einem großen gemauerten Brunnen, geht es rechts nach Tinghir ab. Nach 7 km erreichen Sie eine kleine Passhöhe, danach wird die Piste steinig und schmaler. 18 km hinter Msemrir verengt sich das Tal. Bergflanken ragen steil auf. Die Piste wird schlechter. Sie folgen dieser weitere 10 km, bis es halb links über viele Kurven steil nach unten geht. Nun kommt die schwierigste Passage der Fahrt: Felsplatten müssen überfahren werden, die Piste ist kaum noch präpariert und sehr schlecht. Es geht nur noch im Schritttempo voran, doch bieten sich herrliche Blicke nach unten. Bei der einzigen Gabelung halten Sie sich bitte rechts. 100 km hinter Boumalne haben Sie es geschafft, Sie sind wieder auf dem Teer. Sie fahren nun rechts weiter, es sind

Rosen sind ein Geschenk des Himmels

etwa 4 km, bis Sie **Tamtattouchte** erreichen.

Auf einer Strecke von ungefähr 18 km geht es dann durch die eher karge Bergwelt, bevor Sie die **Todhra-Schlucht** *(S. 87)* erreichen. Steil ragen die Felsen hier rechts und links auf, und größere Restaurants und kleinere Cafés laden zum Tee. Nun geht es auf guter Straße gen Süden immer bergab – vorbei an vielen kleinen, sehr idyllisch gelegenen Campingplätzen, immer wieder mit Blick auf den Fluss Todhra und seine schöne Oase, bis Sie nach 140 km in **Tinghir** *(S. 86)* eintreffen.

EIN TAG IN MARRAKECH

Action pur und einmalige Erlebnisse.
Gehen Sie auf Tour mit unserem Szene-Scout

SZENE-FRÜHSTÜCK

9:00

Der Tag beginnt very stylish, denn zum Aufwachen gehts in das angesagte *Kech Mara*. In dem Café mitten im Trendviertel Guéliz treffen sich die Szenegänger der Stadt zum Frühstücken. Besonders beliebt: die Sandwiches! Zurücklehnen und im weißen Retro-Ambiente und bei Loungemusik das bunte Treiben beobachten. **WO?** *3, Rue de la Liberté | Tel. 05 24 42 24 32 | www.kechmara.com*

10:00

SHOPPING DELUXE

Lust, die Läden der Stadt zu entdecken? Am besten geht das mit Kati Lawrence. Die Personal Shopperin kennt sich in den engen Gassen der Medina aus und geht schon seit Jahren mit ihren Kunden auf Einkaufstour. Sie weiß, wo es die schönsten Klamotten und die coolsten Accessoires gibt und hat auch schon Hollywoodstars durch die City geführt. **WO?** | *Anmeldung und Treffpunkt unter Tel. 06 67 96 69 69 oder katilawrence@gmail.com | Kosten: 120 Euro/Tag*

ÖKO-TOUR

11:30

Nach einer kurzen Einweisung heißt es, rauf auf den Segway und losdüsen. Mit einem erfahrenen Guide geht es auf Slalomtour durch Palmen und tropische Sträucher. Das Beste: Die Mini-Offroader werden vollkommen elektrisch angetrieben und sind total ökologisch! **WO?** *Segway Maroc | Anmeldung und Treffpunkt unter Tel. 06 61 56 60 46 | Kosten: ca. 22 Euro/ Std. | www.segwaymorocco.com/accueil.html*

13:00

GAUMENFREUDEN

Nach soviel Aufregung braucht man Nervennahrung: Lunch ist angesagt. Es geht ins *Dar Moha*. Hier gibts traditionelle marokkanische Küche mit Pfiff, und das auch noch in exotischer Kulisse. Im schattigen Innenhof sitzt man am historischen Mosaikpool und genießt Hühnchen und Oliven in Zitronensaft oder Auberginencrêpes mit Mandelmus. **WO?** *81, Rue Dar El Bacha | Tel. 05 24 38 64 00*

24h

QUERFELDEIN

15:00

Eine halbe Autostunde später wirds sportlich. Crossgolfen steht auf dem Programm. Schwung holen und den mitgebrachten Ball über Sträucher und Erdlöcher auf schnellstem Weg ins Ziel schlagen. **WO?** *La Pause, Douar Lmih Laroussiène, Commune Agafay | Anmeldung unter Tel. 06 61 30 64 94 | Kosten: 25 Euro*

17:00

QUICK-WELLNESS

Entspannung gefällig? Dann ab ins *Palais Rhoul & Spa*. Das Hammam gilt als eines der stylishten der Stadt. Zuerst steht eine Tiefenreinigung mit marokkanischem Rhassoul (Tonerde) und einem Hauch Orangenblüten auf dem Programm. Nach einer abschließenden arabischen Tekssila-Massage entspannt man in traumhaften Gärten. Danach fühlt man sich wie neu geboren! **WO?** *Route de Fès | Kosten: ca. 50 Euro | Anmeldung unter Tel. 05 24 32 94 94 | www.palais-rhoul.com*

DINNER ITALIA

20:00

Lust auf Pizza und Pasta? Die *Trattoria di Giancarlo* ist eine kulinarische Institution. Im opulenten Interieur, das vom Meister des modernen Marrakchi-Designs, Bill Willis, entworfen wurde, schmecken die Penne mit Gambas besonders gut. Kein Wunder, dass es der Lieblingsladen der Locals ist. **WO?** *179, Rue Mohamed El Beqal | Tel. 05 24 43 26 41*

23:00

WILD, WILDER – THEATRO

Feuertänzer, Glitzerregen und die heißesten Beats: Das *Théâtro* ist ein Trendschuppen. Hier wird nicht nur getanzt, sondern auch auf dem Balkon, unter weißen Baldachinen oder auf gemütlichen Couchs gechillt. Legendär: die *Party Les Nuits Blanches*, ein buntes Fest mit Phantasiekostümen. **WO?** *Avenue El Quadissia | Tel. 05 24 44 88 11 | www.theatromarrakech.com*

> VON DRAHTESELN UND DROMEDAREN

Marokkos Schönheit können Sie am besten fernab der großen Routen erkunden

> Marokko sportlich zu erleben gibt Ihnen einen intensiven Einblick in das Land und das Leben vor Ort. Ob Sie zu Fuß, mit dem Fahrrad, auf dem Kamel oder hoch zu Ross unterwegs sind: Marokko langsam zu erschließen und dabei in Regionen vorzudringen, die weder per Bus noch mit dem Auto zu erreichen sind, ist ein Erlebnis der Superlative.

Marokko bietet viele Gelegenheiten für die aktive Urlaubsgestaltung. Hier sollen nur diejenigen Sportarten vorgestellt werden, für die das nordafrikanische Land besonders geeignet ist.

BADEN

An Marokkos Küsten gibt es Tausende von Kilometern herrlicher Sandstrände. Dennoch entsprechen die wenigsten davon den Bedürfnissen europäischer Urlauber, denn sie sind größtenteils verschmutzt und haben keine Infrastruktur. Sehr schöne

SPORT & AKTIVITÄTEN

Strände liegen bei Agadir, Essaouira, Tanger, Rabat sowie im Küstenabschnitt zwischen Ceuta und Tetouan. Hier gibt es auch Hotels, Restaurants und Vermietungen von Wassersportgeräten.

GOLF

Einige der schönsten Golfplätze weltweit befinden sich in Marokko. Besonders empfehlenswert sind die königlichen Golfplätze *(Royal Golf du ...)* in Rabat und Marrakech. Zudem gibt es in Marokko mehrere Golfhotels, wie zum Beispiel das Luxushotel *Palmeraie Golf Palace (www.pgpmarrakech.com)* in Marrakech. Golfreisen buchen Sie am besten bereits von Europa aus.

Weitere Informationen und Adressen erhalten Sie über das Fremdenverkehrsamt in Düsseldorf *(Graf-Adolf-Str. 59 | Tel. 0211/37 05 51 | www.visitmorocco.com)*.

HOCHGEBIRGSTOUREN, MAULTIERTREKKING

Marokko mit seinen vielen Hoch- und Mittelgebirgen ist ein Eldorado für Bergsteiger und Trekker. In nur ganz wenigen Regionen können sich Reisende jedoch allein bewegen, denn die Bergregionen sind touristisch kaum erschlossen, und statt Wanderwegen gibt es nur Maultierpfade. Ein Bergführer (mit Maultier zum Tragen des Gepäcks) ist also auf jeden Fall zu empfehlen. Diplomierte Bergführer haben sich in Vereinigungen, sogenannten *Associations des Guides des Montagnes*, organisiert. Man findet sie in den wenigen Bergsteigerzentren des Landes, also in *Imlil* (Toubkal-Region; südöstlich von Marrakech), im *Ait Bougmezz* (M'Goun-Region; südöstlich von Marrakech), in *Afourer* (Mittlerer Atlas) sowie in der Region *Kelaat M'Gouna* (für Trekking im Saghro-Gebirge). Die Agentur *Tour Serail* in Freiburg *(Tel. 0761/641 07 | www.tourserail.com)* ist auf Reisen in Marokko spezialisiert und bietet auch individuelle Trekkingtouren im Land an.

KAMELTREKKING

Es gibt keine schönere Art, die Wüste zu erleben, als auf dem Rücken eines Dromedars. Sanft schaukelt das Wüstenschiff, schreitet stolzen Schritts dahin, passiert Dünenfelder und Steinwüste. Kameltouren gehören zu den beliebtesten Wüstenabenteuern in Marokko. Meistens sind die Tage so gestaltet, dass morgens und nachmittags jeweils zwei bis drei Stunden geritten wird. Man schläft unter freiem Himmel oder im Zelt, und die Begleitmannschaft kocht für alle auf dem Feuer – oder, weniger romantisch, auf einer Gasflasche. Zwischen Zagora und M'hamid haben sich jede Menge Agenturen angesiedelt, die ein- bis zehntägige Touren zu ähnlichen Preisen, aber in sehr unterschiedlicher Qualität anbieten. Zuverlässig arbeitet das marokkanisch-schweizerische

Gebirgstouren in Marokko sind auch für erfahrene Wanderer kein Spaziergang

Unternehmen *Tombouctour* (*www.tombouctour.ch*).

MARATHON DU SABLE

Der wohl härteste Marathon der Welt führt einmal im Jahr durch Südmarokko, mitten durch die Dünen bei M'hamid. Informationen unter *www.darbaroud.com*

MOUNTAINBIKE

Marokko per Bike individuell oder in der geführten Gruppe zu erkunden hat seine eigenen Reize. Die Landschaften sind vielfältig, und die touristische Infrastruktur im Land ist ausreichend, um fast überall ein Plätzchen zum Übernachten zu finden. Die schönsten Fahrradrouten finden sich in den Gebirgen sowie entlang der Küsten.

Geführte Mountainbiketouren in Marokko veranstaltet *Alain Renfer (VTT Maroc | www.marrakechbikeaction.com)*. Umfangreiche, wertvolle Tipps und Informationen zu individuellen Touren in Marokko finden Sie auf der privaten Homepage von Dr. Jan Cramer unter *www.cramers-web.de*.

REITEN

Der Pferdesport ist ein Sport mit langer und bis heute andauernder Tradition in Marokko. Hier werden die besten Araber und Berber gezüchtet, und ein weites Netz an Maultierpfaden, Wüstenstrecken und Bergpisten erlaubt auch europäischen Reitern wunderschöne Erlebnisse auf einem Pferderücken. Eine Handvoll spezialisierter Veranstalter und Gestüte bieten auch Touristen Ausritte von ein paar Stunden bis zu mehrwöchigen Touren durch den Anti-Atlas oder entlang der Atlantikküste an. Ausgezeichnete Reittouren und/oder Ferien auf dem Reiterhof veranstaltet der *Club d'Équitation Farah* bei Meknès, *BP 597 | Tel. 05 35 54 88 44 | www.clubfarah.com*.

Insider Tipp

Reiten hat Tradition in Marokko

SURFEN

Der Küstenabschnitt zwischen Agadir und Essaouira am Atlantik gehört zu den besten Surfrevieren der Welt – und ist somit nur etwas für Könner! Stets frischer Wind, selten zu kalte Temperaturen und Wellen zwischen 1 und 2,5 m Höhe sorgen für zuverlässigen Spaß. Die Orte *Taghazoute*, 20 km nördlich von Agadir, und *Essaouira* haben sich zu Surferhochburgen entwickelt, wo es nicht nur das entsprechende Equipment, sondern auch Surfschulen und Veranstalter gibt. Nähere Infos und Detailbeschreibungen erhalten Sie unter *www.windsurfing-morocco.com*.

> JEDE MENGE SPASS FÜR GROSS UND KLEIN

Die Liebe zu Kindern wird in Marokko großgeschrieben

> Marokko ist, wie alle muslimischen Länder, sehr familienfreundlich. Kinder sind hoch willkommene Gäste, und jeder wird sich bemühen, es den Kleinen so angenehm wie möglich zu machen.

Dennoch ist Marokko kein Land, das mit den üblichen Kinderattraktionen, wie zum Beispiel Vergnügungsparks, besonderen Zoos oder Ähnlichem, aufwarten könnte. Vielmehr sind es Marokkos Tierwelt und Natur, die nicht nur Kinder begeistern. Auch sind Reisen mit Kindern in Städten – vor allem dann, wenn die Kleinen noch auf einen Kinderwagen angewiesen sind – eher anstrengend als interessant. Denn die Bürgersteige sind hoch, das Verkehrsaufkommen auch, und die kleinen Basargassen oftmals so voller Menschen, dass man leicht verloren gehen kann. Aus diesem Grund sollten Familien mit Kindern eher aufs Land ausweichen – oder natürlich ans Meer, obwohl auch

MIT KINDERN UNTERWEGS

der Atlantik eher für größere Kinder und nicht für die ganz kleinen zum Baden geeignet ist. Was Kinder – egal welchen Alters – in Marokko begeistert, sind Natur und Tierwelt, die man vor allem in den Bergen am intensivsten erleben kann.

ATLAS-FILMSTUDIOS

[128 C3] Marokkos Atlas-Filmstudios bei Ouarzazate mit ihren Kulissen und Werkstätten sind höchst spannend anzuschauen. Sie sind nicht nur für einheimische Filmemacher interessant, vor allem Produzenten aus Hollywood und Europa drehen hier. Zahlreiche Filme, darunter ganz bekannte wie „Asterix und Cleopatra" mit Gerard Dépardieu oder „Auf der Jagd nach dem Juwel vom Nil" mit Michael Douglas wurden hier produziert, und viele Filmkulissen sind bis heute gut erhalten. Eine Besichtigung der Studios ist an drehfreien Tagen möglich. *Eintritt 30 DH, Kinder bis 12 Jahre frei*

OASIRIA

[128 B2] Oasiria ist ein gigantischer Aquapark in der Nähe von Marrakech mit riesigen Wasserrutschen, Wellenbecken, Piratenschiff, Wasserwerfern und einer beeindruckenden Poollandschaft. Hier kann sich die ganze Familie erholen, denn neben all dem Wasserspaß gibt es hier große Liegewiesen, mehrere Restaurants, Beachvolleyballfelder und vieles mehr. Kostenlose Pendelbusse verkehren ab Marrakechs Neustadt. *Kilometer 4, Route du Barage | Tel. 05 24 38 04 38 | www.oasiria.com | Eintritt nach Körpergröße: bis 80 cm frei, bis 150 cm 90 DH, ab 150 cm 180 DH für den ganzen Tag*

In ländlichen Regionen ist die Frauenrolle stark traditionell geprägt

REITEN

[128 C3] Bei Mirleft findet sich die Ranch *Les Deux Gazelles (www.les2gazelles.com)*,die engagiert von zwei jungen Französinnen geführt wird. Bei Meknès bietet eine Schweizerin absolut zuverlässige und gute Reittouren an *(www.clubfarah.com)*. Von beiden Ranchen lassen sich herrliche Touren in die Umgebung unternehmen. Die Kosten betragen etwa 150 DH pro Stunde, je länger man unterwegs ist, desto günstiger wird der Stundensatz.

LA MEDINA D'AGADIR

[127 E2] Freilichtmuseum auf einer Fläche von 40000 m^2: Ausgestattet mit schönstem marokkanischem Dekor, wurden Lehmbauten mit viel Geschmack errichtet. Sie können durch die Gassen bummeln und den vielen Kunsthandwerkern zusehen, die hier arbeiten. Da die Medina ein wenig außerhalb liegt, transportiert ein Shuttlebus die Gäste von der Innenstadt (Abfahrt u. a. beim Club Méd) zum Gelände. Infos unter *www.medinapolizzi.com*.

KAMEL- UND MAULTIERTREKKING

Die Kleinen auf Kamelen reiten zu lassen, ist bereits ein Erlebnis für sich. Dann noch unter freiem Himmel zu übernachten, an Viehtränken zu duschen und in Oasen kleine Frösche zu beobachten, kommt einem Abenteuer gleich, den kein Freizeitpark bietet. Genauso wunderbar finden es Kinder im Regelfall, mit einem Maultier durch die Bergwelt des Atlas zu reiten und in Dörfern auf andere Kinder zu treffen. Einige der guten Marokkoveranstalter können für Familien individuelle Touren zusammenstellen. Auch Familienreiseveranstalter wie *www.erlebe-familienreisen.de* bieten Marokko-Bausteine an.

CHEZ LES HABITANTS

„Bei Einheimischen wohnen" – das bedeutet *chez les habitants*. Und es ist ein einmaliges Erlebnis vor allem, wenn man mit der ganzen Familie anreist. Dann entstehen nämlich Kontakte auf jeder Ebene, und beide Seiten können voneinander profitieren und einander kennenlernen.

Diese Form des Übernachtens wird in erster Linie in den Bergen praktiziert, vor allem dort, wo es keine anderen Übernachtungsmöglichkeiten mehr gibt, also beim Trekking, oder aber dort, wo ein bikultureller Austausch gewünscht wird. Das ist zum Beispiel im Ait Bougmezz der Fall (siehe Ausflüge & Touren), aber auch in der Region rund um Imlil sowie im Anti-Atlas (siehe auch dort). Zuverlässig und mit viel Idealismus werden Reisen mit Wohnen bei Einheimischen von Tour Serail *(www.tourserail.com)* angeboten. Auch *Margrith Leibundgut* in Tamrakht bei Agadir organisiert sehr schöne Aufenthalte bei ihrer (marokkanischen) Familie in Ifrane im Anti-Atlas *(www.addimaroc.com)*.

SANDKASTENSPIELE

[129 F2–3] Der größte Sandkasten der Welt – so empfinden vor allem kleinere und größere Kinder den Erg Chebbi, Marokkos größtes Sanddünengebiet. Die riesigen, bis zu 200 m hohen Dünen hochkraxeln und sie dann auf dem Hosenboden – oder besser noch auf dem Bauch – wieder herunterzurutschen: Das ist ein Vergnügen, das man in Europa vergeblich sucht. Aber nicht nur das macht Spaß: Auch Dünenwanderungen (bitte nicht ohne Begleitung) und Burgen bauen (mit Quellwasser) sind hier möglich – sowie Kamelreiten und sogar Ski bzw. Snowboard fahren auf den Dünen! All dies kann man sich bei den kleinen Herbergen am Rand der Dünenlandschaft organisieren lassen, wo man am besten auch wohnt.

Das Leben ist schön: Dieser Meinung sind jedenfalls diese Mädchen in Ouarzazate

> VON ANREISE BIS ZOLL

Urlaub von Anfang bis Ende: die wichtigsten Adressen und Informationen für Ihre Marokkoreise

ANREISE

AUTO/FÄHRE

Man braucht etwa drei bis vier Tage und kann sowohl von Almería oder Algeciras als auch von Tarifa nach Marokko übersetzen. Teure, aber sehr angenehme Fährverbindungen gehen vom südfranzösischen Sète bzw. von Genua nach Tanger.

BAHN

Etwa 50 Stunden trennen Süddeutschland von Marokko per Bahn. Es geht wunderbar, kostet jedoch mehr als eine Anreise per Flugzeug. Buchen kann man die Strecke nur in ausgesprochen guten Bahnreisebüros.

BUS

Die marokkanische Buslinie Supratours *(www.supratours.ma)* fährt mehrmals wöchentlich zwischen Marokko und vielen Städten Frankreichs. Die Kosten liegen bei rund 150 Euro pro Fahrt.

FLUGZEUG

Royal Air Maroc *(www.royalairmaroc.com)* fliegt von Frankfurt/M., Düsseldorf, Zürich und Genf direkt nach Casablanca (350–500 Euro). Auch die Lufthansa *(www.lufthansa.de)* fliegt direkt und ist meist etwas günstiger. Daneben gibt es noch Billigfluglinien wie Ryan Air *(www.ryanair.com)*, die dreimal wöchent-

PRAKTISCHE HINWEISE

lich ab Frankfurt Hahn und ab Düsseldorf nach Marrakech fliegt (ab 29 Euro pro Strecke) sowie Easy Jet *(www.easyjet.com)*, die dreimal wöchentlich ab Basel fliegt (ab 39 Euro).

AUSKUNFT

STAATLICHES MAROKKANISCHES FREMDENVERKEHRSAMT

Graf-Adolf-Straße 59 | 40210 Düsseldorf | Tel. 0211/37 05 51 | Fax 37 40 48 | www.tourismus-in-marokko.de

ONMT (OFFICE NATIONAL MAROCAIN DU TOURISME)

Schiffslände 5 | 8001 Zürich | Tel. 01/252 77 52 | Fax 251 10 44

AUTO

Die Verkehrsregeln entsprechen im Großen und Ganzen denen in Deutschland. Die Höchstgeschwindigkeit beträgt in Städten 40 km/h, in kleineren Orten 60 km/h, auf Landstraßen 100 km/h, auf Autobahnen 120 km/h; striktes Alkoholverbot. Verstöße gegen Tempolimits und andere Sicherheitsvorkehrungen werden streng geahndet. Wie in fast allen arabischen Städten ist der Verkehr in Marokko etwas chaotisch. Aber zumindest gibt es an Kreuzungen Polizisten, die den Verkehr regeln.

BANKEN & GELD

In den meisten Banken können Sie Euro bzw. Schweizer Franken in Dirham tauschen. Viele Geldinstitute haben zudem einen Geldautomaten. Doch Vorsicht: Bisweilen wird Geld abgebucht, das gar nicht ausgezahlt wurde. Also: Quittungen aufheben, daheim Kontoauszüge kontrollieren und ggf. bei der Bank Beschwerde einlegen. Das Geld wird dann zurücküberwiesen! Visa und Euro/Mastercard sind die gängigsten Kreditkarten. Öffnungszeiten: *Mo–Fr 8.30–11.30 und 14.30–16.30 Uhr*

WÄHRUNGSRECHNER

€	MAD	MAD	€
1	11,04	10	0,91
2	22,07	20	1,81
3	33,11	25	2,27
4	44,15	30	2,72
5	55,18	40	3,62
7	77,26	50	4,53
8	88,29	75	6,80
9	99,33	90	8,16
10	110,37	100	8,06

CAMPING

Wildes Campen ist zumindest im Landesinnern erlaubt, und Campingplätze (von zweifelhaft bis luxuriös) gibt es im ganzen Land.

DIPLOMATISCHE VERTRETUNGEN

DEUTSCHE BOTSCHAFT

7, Zankat Madnine | BP 235 | Rabat | Tel. 05 37 21 86 00 | Fax 05 37 70 68 51 | www.rabat.diplo.de

ÖSTERREICHISCHE BOTSCHAFT
2, Zankat Tiddas | BP 135 | Rabat | Tel. 05 37 76 40 03 | Fax 05 37 76 40 25 | rabat-ob@bmaa.gv.at

SCHWEIZER BOTSCHAFT
Sahat Berkane | BP 169 | Rabat | Tel. 05 37 26 80 30 | Fax 05 37 26 80 40 | www.eda.admin.ch/rabat

GESUNDHEIT

Es gibt für Marokko keine Pflichtimpfungen. Dennoch kann es für diejenigen, die längere Zeit in Marokko sind, sinnvoll sein, sich zumindest gegen Hepatitis A und B zu impfen. Polio-, Tetanus- und Diphtherie-Impfungen sind jedem zu empfehlen. Die HIV-Rate ist in Marokko vergleichsweise niedrig, was nicht gleichbedeutend mit einem Freifahrschein ist. Malaria ist in Marokko bis auf ganz wenige Gebiete nicht existent. Durchfälle und Infektionskrankheiten können durch sorgsamen Umgang mit Wasser vermieden werden. Das bedeutet: immer nur Mineralwasser aus Flaschen trinken. Salate, wenn sie frisch zubereitet sind, können in Ausnahmefällen gegessen werden, Obst sollte man schälen. Wegen Bilharziose-Gefahr sollten Sie keinesfalls in stehenden Gewässern baden. Mückenschutz ist in den Oasen und an Fluss- und Seeufern angebracht. Die medizinische Versorgung in Marokko ist zwar mit der europäischen nicht zu vergleichen, dennoch nicht allzu schlecht – vor allem in den Städten. Viele Ärzte haben in Europa studiert. Auf dem Land kann zumindest die apparative Versorgung problematisch werden.

INTERNET

Folgende Links sind informativ und hilfreich: *www.marokko.com*, das größte und beste deutschsprachige Internetforum zu Marokko; *www.tourismus-in-marokko.de*, die offizielle Seite des marokkanischen Fremdenverkehrsamts, gibt eine gute Über-

> KLEINES GLOSSAR

Einige der wichtigsten arabischen Ausdrücke

Bab – (Stadt-)Tor
Banu/Oulad – Stamm, „Kinder von“; oft Teil eines Ortsnamens
Baraka – Segen, den man von Heiligen oder Gott erhält
Djellaba – Kapuzengewand, die traditionelle Kleidung der Marokkaner
Jbel/Jabal – Berg
Kasbah – Wohnburg aus Lehm, typische Bauweise im Süden Marokkos
Ksar/Ksur – befestigtes Dorf aus Lehm
Lalla – ehrenvolle Bezeichnung für Frauen
Madrasa – Koranschule
Marabout – Heiliger bzw. dessen Grab
Oued – Tal, Flussbett
Riad – eigentlich Garten, bezeichnet heute ein privates Gästehaus im Stadtpalais
Sidi – ehrenvolle Bezeichnung für Männer
Suq – Marktareal; kann sowohl der städtische Markt als auch der Wochenmarkt auf dem Land sein

sicht über all das, was Marokko zu bieten hat; *www.fesfestival.com* sowie *www.festival-gnaoua.net* informieren über Termine und Hintergründe der beiden wichtigsten Festivals in Marokko. Maßgeschneiderte Reisen sowie Hintergrundwissen und Literaturtipps finden Sie bei Tour Serail unter *www.tourserail.com*.

INTERNETCAFÉS & WLAN

Trotz der hohen Dichte an Internetanschlüssen gibt es eher wenige Orte in Marokko, die über WLAN verfügen. Ausnahmen sind alle Flughäfen sowie viele der gehobenen Riads. Eine stets aktualisierte Liste findet sich unter *www.caryl.fr/hotspots* (Marrakech) oder *www.hotspot-locations.de*. Internetcafés hingegen, sogenannte *Cybercafés* oder *Espace Internet*, findet man an jeder Ecke.

KLIMA & REISEZEIT

Marokko kann das ganze Jahr bereist werden – jedoch nicht überall. In den Bergen muss man ab Oktober mit Schnee rechnen. Auch in den Städten kann es im Dezember kalt werden, und nicht alle Hotels haben eine Heizung. Die Sommermonate sind ungeeignet für Wüstentouren. Die ideale Reisezeit für Badeferien ist Mai bis September am Atlantik und April bis Oktober am Mittelmeer.

MIETWAGEN

Internationale Autoverleiher wie Hertz, Europcar und Avis haben Niederlassungen an den Flughäfen und in den großen Städten. Sie haben den Vorteil, dass man Autos bereits von Deutschland aus buchen kann, aber dies ist vergleichsweise teuer (ab 400 Euro/Woche). Marokkanische Firmen bieten die gleichen Autos oft zum halben Preis an. Achten Sie auf den Versicherungsschutz sowie eine Unfallklausel, die den Verleiher dazu verpflichtet, bei Schaden oder Unfall das Auto kostenfrei auszutauschen.

NOTRUF

Polizei *Tel. 19;* Krankenwagen *Tel. 15*

WAS KOSTET WIE VIEL?

> ESSEN	**3–10 EURO** für eine Tajine
> KAFFEE	**0,50 EURO** für ein Glas Kaffee
> MIETWAGEN	**AB 200 EURO** pro Woche für einen Kleinwagen
> WEIN	**AB 5 EURO** für einen halben Liter Wein
> BENZIN	**AB 1 EURO** für einen Liter Super
> BROT	**0,25 EURO** für ein Fladenbrot

ÖFFENTLICHE VERKEHRSMITTEL

BAHNEN

Die ONCF, die staatliche marokkanische Eisenbahngesellschaft, hat nördlich des Atlas ein ausgezeichnetes Schienennetz. So wird in der Nord-Süd-Achse Tanger mit Marrakech via Rabat und Casablanca verbunden und in der West-Ost-Achse Sidi Kacem mit Oujda via Meknès, Fès und Taza.

Auskunft über Fahrplan und Preise: *www.oncf.ma*

BUSSE

Der Bus ist das gebräuchlichste Verkehrsmittel in Marokko. Das größte Busunternehmen ist die staatliche Linie CTM, die alle größeren Städte anfährt. Die Busse der CMT sind in aller Regel neu und gut. Zu empfehlen ist auch die Bahnbusgesellschaft Supratours, die ihre Linienbusse überall dort einsetzt, wo die Schienen aufhören. Supratours gilt als schnellste und sicherste Buslinie im Land, ist aber nur in den größeren Städten zu finden. Mit privaten Busgesellschaften der unterschiedlichsten Qualität kommt man auch in die hintersten Winkel des Landes.

POST

Postämter gibt es im ganzen Land. Sie sind zu unregelmäßigen Zeiten zwischen Montag und Freitag geöffnet. Ein Brief nach Europa kostet 6,50 Dirham und ist etwa zehn Tage unterwegs.

PREISE & WÄHRUNG

Die offizielle Währung in Marokko ist der Dirham (DH). Er ist in 100 Centimes unterteilt. Es gibt Scheine zu 10, 20, 50, 100 und 200 DH sowie Münzen zu 1, 2, 5 und 10 DH. Die Lebenshaltungskosten in Marokko liegen weit unter dem mitteleuropäischen Durchschnitt.

SICHERHEIT

Trotz immer häufigerer weltweiter Terrorwarnungen gilt Marokko nach wie vor als sicheres Reiseland. Kleinkriminalität wie Taschendiebstahl und ähnliche Delikte gibt es zwar, sie ist aber in Marokko weitaus seltener anzutreffen als zum Beispiel in Südeuropa.

WETTER IN CASABLANCA

	Jan.	Feb.	März	April	Mai	Juni	Juli	Aug.	Sept.	Okt.	Nov.	Dez.
Tagestemperaturen in °C	17	18	19	21	22	24	26	27	26	24	21	18
Nachttemperaturen in °C	7	8	10	11	13	17	19	19	17	15	11	9
Sonnenschein Std./Tag	4	6	7	8	8	8	8	6	6	6	6	4
Niederschlag Tage/Monat	8	9	7	6	3	1	0	0	2	7	8	11
Wassertemperaturen in °C	16	16	16	17	19	19	21	22	21	21	19	17

PRAKTISCHE HINWEISE

STROM

Üblich sind 220 Volt. Im Normalfall wird kein Adapter benötigt. Wer in sehr einsamen Regionen reist, sollte einen Steckeradapter für Südeuropa mitnehmen.

TAXI

Innerhalb der Städte fahren die *Petit Taxis*. Sie haben alle ein Taxameter (2 Dirham/km, Grundpreis: 1,40 Dirham). Kürzere Überlandstrecken fährt man mit Sammeltaxis. Diese sind unbequem, es sei denn, man kauft sich zwei Plätze. Dafür sind sie schnell und flexibel. Sammeltaxis haben eigene Bahnhöfe. Eine Strecke von 50 km kostet etwa 2,50 Euro.

TELEFON & HANDY

Sogenannte *Téléboutiques* ersetzen die öffentlichen Telefonzellen. Man kann mit 1-, 2- und 5-, manchmal auch mit 10-Dirham-Münzen telefonieren. Vorwahl Deutschland 0049, Österreich 0043, Schweiz 0041, Marokko 00212. Das Handynetz ist in Marokko sehr gut ausgebaut. Es kann aus den deutschen Netzen telefoniert werden. Wer längere Zeit in Marokko unterwegs ist, kann sich überlegen, eine marokkanische Prepaid-Karte *(Carte Jawal)* für das eigene Handy *(le portable)* zu kaufen, was fast überall möglich ist. Kosten: 30 DH plus Telefonguthaben.

TRINKGELD

Im Restaurant gibt man normalerweise 10 Prozent Trinkgeld, im Café 1 Dirham pro Getränk. Kofferträger erhalten je nach Hotel 5–15 Dirham pro Gepäckstück. Es ist üblich, auch Taxifahrern ein wenig mehr zu geben, als das Taxameter anzeigt; etwa 2–5 Dirham, je nach Fahrpreis.

UNTERKUNFT

Sehr einfache Unterkünfte sind häufig ohne frische Bettwäsche, Bad, Handtuch, Seife etc. Ab zwei Sternen kann man ein eigenes Bad, Handtücher und Seife erwarten. Ab drei Sternen sind die Zimmer geräumiger, ab vier Sternen wird der Service international. Bei fünf Sternen kann man in Luxus schwelgen. Eine marokkanische Besonderheit sind die seit wenigen Jahren immer häufiger vorkommenden Riads, kleinere und größere Gästehäuser, die in Stadtpalais der Altstädte untergebracht sind.

ZEIT

Marokko liegt gegenüber der Mitteleuropäischen Sommerzeit (MEZ) um eine Stunde zurück (12 Uhr MEZ entspricht 11 Uhr marokkanischer Zeit), während der europäischen Sommerzeit (MESZ) um zwei Stunden (12 Uhr MESZ entspricht 10 Uhr in Marokko).

ZOLL

Elektronische Geräte, Autos und Motorräder müssen bei der Einfuhr deklariert und auch wieder ausgeführt werden. Verboten ist die Ein- und Ausfuhr von marokkanischem Geld, pornografischen Druckerzeugnissen und Filmen sowie Rauschgift. Zollfrei sind 200 Zigaretten, eine Flasche Spirituosen sowie Parfüm, Filme etc. für den privaten Gebrauch. Bei der Rückreise in die EU zollfrei einführen dürfen Sie u. a. 200 Zigaretten, 1 l Spirituosen, 50 g Parfüm und sonstige Waren im Wert von 430 Euro.

> TU PARLES FRANÇAIS?

„Sprichst du Französisch?" Dieser Sprachführer hilft Ihnen, die wichtigsten Wörter und Sätze auf Französisch zu sagen

Aussprache

Zur Erleichterung der Aussprache sind alle französischen Wörter mit einer einfachen Aussprache (in Klammern) versehen.

AUF EINEN BLICK

Ja/Nein	Oui [ui]/Non [nong]
Vielleicht	Peut-être [pöhtätr]
Bitte	S'il vous plaît [sil wu plä]
Danke	Merci [märsi]
Gern geschehen.	De rien. [dö rjäng]
Entschuldigen Sie!	Excusez-moi! [äksküseh mua]
Wie bitte?	Comment? [kommang]
Ich verstehe Sie/dich nicht.	Je ne comprends pas. [schön kongprang pa]
Ich spreche nur wenig Französisch.	Je parle un tout petit peu français. [schparl äng tu pti pöh frangsä]
Können Sie mir bitte helfen?	Vous pouvez m'aider, s.v.p.? [wu puweh mehdeh sil wu plä]
Guten Morgen/Tag!	Bonjour! [bongschur]
Guten Abend!	Bonsoir! [bongsuar]
Hallo!/Grüß dich!	Salut! [salü]
Wie ist Ihr Name, bitte?	Comment vous appelez-vous? [kommang wus‿apleh wu]
Wie heißt du?	Comment tu t'appelles? [kommang tü tapäl]
Mein Name ist …	Je m'appelle … [schö mapäl]
Ich komme aus …	Je suis de … [schö süi dö]
… Deutschland.	… l'Allemagne. [lalmanj]/
… Österreich.	… l'Autriche. [lohtrisch]
… der Schweiz.	… la Suisse. [la süis]
Auf Wiedersehen!/Tschüss!	Au revoir! [oh röwuar]/Salut! [salü]
Hilfe!	Au secours! [oh skur]
Rufen Sie bitte schnell …	Appelez vite … [apleh wit]
… einen Krankenwagen.	… une ambulance. [ün‿angbülangs]
… die Polizei.	… la police. [la polis]
offen/geschlossen	ouvert,e [uwär, uwärt]/fermé,e [färmeh]
drücken/ziehen	presser [presseh]/tirer [tireh]
Eingang/Ausgang	l'entrée [l'angtreh]/la sortie [la sorti]
Wo sind bitte die Toiletten?	Où sont les W.-C., s.v.p.? [u song leh wehseh sil wu plä]

SPRACHFÜHRER FRANZÖSISCH

Damen/Herren	dames [damm]/messieurs [messjöh]
heute/morgen	aujourd'hui [oschurdüi]/demain [dömäng]
Wie viel Uhr ist es?	Quelle heure est-il? [käl‿ör ät‿il]

UNTERWEGS

Bitte, wo ist …?	Pardon, où se trouve …, s.v.p.? [pardong, us truw … sil wu plä]
… der Flughafen?	… l'aéroport … [laehropor]
… die Haltestelle?	… l'arrêt … [larä]/ … la station … [la stasjong]
… der Taxistand?	… la place de voitures … [la plas dö woitür]
Bus/Fähre/Zug	le bus [lö büs]/le bac [lö bak]/le train [lö träng]
Entschuldigung, wie komme ich nach …?	Pour aller à …, s.v.p.? [pur‿aleh a sil wu plä]
Immer geradeaus bis …	Vous allez tout droit jusqu'à … [wus‿aleh tu drua schüska]
Dann links/rechts abbiegen.	Ensuite, vous tournez à gauche/à droite. [angsüit wu turneh a gosch/adruat]
nah/weit	près [prä]/loin [luäng]
Überqueren Sie …	Vous traversez … [wu trawärseh]
… die Brücke.	… le pont. [lö pong]
… den Platz.	… la place. [la plas]
… die Straße.	… la rue. [la rü]
Ich möchte ein Auto mieten.	Je voudrais louer une voiture. [schwudrä lueh ün wuatür]
Wo ist bitte die nächste Tankstelle?	Pardon Mme/Mlle/M. , où est la stationservice la plus proche, s.v.p.? [pardong madam/madmuasäl/mösjöh u ä la stasjong särwis la plü prosch sil wu plä]
Ich habe eine Panne.	Je suis en panne. [schö süis‿ang pan]
Würden Sie mir bitte einen Abschleppwagen schicken?	Est-ce que vous pouvez m'envoyer une dépanneuse, s.v.p.? [äs‿kö wu puweh mangwuajeh ün dehpanöhs sil wu plä]
Gibt es hier in der Nähe eine Werkstatt?	Est-ce qu'il y a un garage près d'ici? [äs‿kil‿ja äng garasch prä disi]

ESSEN/UNTERHALTUNG

Die Speisekarte, bitte.	La carte, s.v.p. [la kart sil wu plä]
Ich nehme …	Je prendrai … [schö prangdrä]
Bitte ein Glas …	Un verre de …, s.v.p. [äng wär dö … sil wu plä]

Besteck	les couverts [leh kuwär]
Messer/Gabel/Löffel	le couteau [lä kutoh]/la fourchette [la furschät]/la cuillère [la kuijär]
Vorspeise	le hors-d'œuvre [lö ordöwr]
Hauptgericht	le plat de résistance [lö plad rehsistangs]
Nachspeise	le dessert [lö dehsär]
Salz/Pfeffer	le sel [lö säl]/le poivre [lö puawr]
scharf	fort,e [for, fort]
Ich bin Vegetarier/in.	Je suis végétarien. [schö süi weschetariang]
Trinkgeld	le pourboire [lö purbuar]
Die Rechnung, bitte.	L'addition, s.v.p. [ladisjong sil wu plä]

EINKAUFEN

Wo kann ich … kaufen?	Où est-ce qu'on peut acheter …? [u äs kong pöht aschteh]
Apotheke	la pharmacie [la farmasi]
Bäckerei	la boulangerie [la bulangschri]
Kaufhaus	le grand magasin [lö grang magasäng]
Lebensmittelgeschäft	l'épicerie [lehpisri]
Markt	le marché [lö marscheh]

> ARABISCH

Für alle Fälle: das Wichtigste in der Landessprache

Kursives (männliche Form) ist bei Bedarf entsprechend durch [...] (weibliche Form) zu ersetzen

Ja./Nein.	na'am/la oder: kalla	نعم/لا، كلا
Bitte./Danke.	min fadlak/schukran	من فضلك/شكرا
Entschuldigung!	'afwan	عفوا
Guten Tag!/Guten Abend!	sabba l-chair/masa l-chair	صباح الخير/مساء الخير
Auf Wiedersehen!	ma'a s-salama	مع السلامه
Ich heiße ...	ismi ...	اسمي
Ich komme aus ...	ana min ...	انا من
... Deutschland.	... almania	المانيا
... Österreich./Schweiz.	... al nimsa/swizera	النمسا/سويسرا
Ich verstehe Sie nicht.	ana la afhamuka [ki]	انا لا افهمك
Wie viel kostet es?	kam jukallif dhalika	كم يكلّف ذلك
Bitte, wo ist...?	'afwan aina ...	عفوا اين

1	wahid	(واحد)١	5	chamsa	(خمسة) ٥	9	tis'a	(تسعة) ٩
2	itnan	(اثنان) ٢	6	sitta	(ستّة) ٦	10	'aschra	(عشرة) ١٠
3	talata	(ثلاثة) ٣	7	sab'a	(سبعة) ٧	20	'ischrun	(عشرون) ٢٠
4	arba'a	(اربعة) ٤	8	tamanija	(ثمانية) ٨	100	mia	(مئة) ١٠٠

Haben Sie …?	Vous avez …? [wus‿aweh]
Ich möchte …	J'aimerais … [schämrä]
Eine Einkaufstüte, bitte.	Un sac, s.v.p. [äng sak sil wu plä]
Das gefällt mir nicht.	Ça ne me plaît pas. [san mö plä pa]
Wie viel kostet es?	Combien ça coûte? [kongbjäng sa kut]
Nehmen Sie Kreditkarten?	Vous prenez les cartes de crédit? [wu pröneh leh kart dö krehdi]

ÜBERNACHTEN

Ich habe bei Ihnen ein Zimmer reserviert.	J'ai réservé une chambre chez vous. [schö rehsärweh ün schangbrö scheh wu]
Haben Sie noch …	Est-ce que vous avez encore … [äs‿kö wus‿aweh angkor]
… ein Einzelzimmer?	… une chambre pour une personne? [ün schangbr pur ün pärsonn]
… ein Zweibettzimmer?	… une chambre pour deux personnes? [ün schangbr pur döh pärsonn]
mit Bad	avec salle de bains [awäk sal dö bäng]
Was kostet das Zimmer mit Frühstück?	Quel est le prix de la chambre, petit déjeuner compris? [käl‿ä lö prid la schangbr pti dehschöneh kongpri]

PRAKTISCHE INFORMATIONEN

Können Sie mir einen Arzt empfehlen?	Vous pourriez recommander un médecin, s.v.p.? [wu purjeh rökommang deh äng bong mehdsäng sil wu plä]
Ich habe hier Schmerzen.	J'ai mal ici. [scheh mal isi]
Eine Briefmarke, bitte.	Un timbre, s.v.p. [äng tambre sil wu plä]
Postkarte	la carte postale [la kart postal]
Wo ist hier bitte eine Bank?	Pardon, je cherche une banque. [pardong schö schärsch ün bangk]
Geldautomat	la billetterie [la bijätri]

ZAHLEN

1	un, une [äng, ühn]	11	onze [ongs]
2	deux [döh]	12	douze [dus]
3	trois [trua]	20	vingt [wäng]
4	quatre [katr]	50	cinquante [sängkangt]
5	cinq [sängk]	100	cent [sang]
6	six [sis]	200	deux cents [döh sang]
7	sept [sät]	500	cinque cents [sängk sang]
8	huit [üit]	1000	mille [mil]
9	neuf [nöf]	1/2	un demi [äng dmi]
10	dix [dis]	1/4	un quart [äng kar]

> UNTERWEGS IN MAROKKO

Die Seiteneinteilung für den Reiseatlas finden Sie auf dem hinteren Umschlag dieses Reiseführers

REISE ATLAS

A
B
C
1
2
3
4
5
6
50 km
OCÉAN
ATLANTI
2000
4000
3487
4603
951
Al-Muh
Moha
Casabla
AD-DĀR-AL-BAYDA
(CASABLANCA)
Dar-Bouâzza
Bir-Jdid
99
Bouskoura
Tnine-ech-Chtouka
Azemmour
100
36
El Rhenadra
Berrechid
El-Jadida
Oued Oum-er-Rbia
Sidi-Bouzid
Souk-Jemâa-el-Oulad-Abbou
30
Sidi-el-Aïdi
Sidi-Moussa
Had-el-Oulad-Frej
Oued Bers
Oulad Saïd
Sett
36
52
N1
Kasba de Boulâouane
Ourdig
Souk-el-Jemâa
232
Sidi-Smaïl
N9
Doukkala
El-Oualidia
Sebt-Saïs
21
Boulâouane
Khemisset
45
Sidi-Bennour
Arba-Aounate
Plateau
31
Khemis-ez-Zemamra
Barrage d'Imfout
Mechra-Benâbbou
Cap Beddouza
Khemis-Ksiba
Dar-Caïd-Zerhouni
Doukkala-
Sebt-Maârif
53
Barra el-Mas
Had-Harrara
Skhour-er-Rehamna
Sidi-Âïssa
Arba-Amrane
79
SAFI
26
Tleta-el-Sidi-Bouguedra
62
Tnine-el-Bouchane
213
Nzalet-el-Hararcha
Ben-Guerir
Abda
Youssoufia
27
19
42
N7
Marrake
N9
Sebt el-Gzoula
R204
Nzalet-el-Adam
Tnine-Ghiate
72
Tnine-Mhara
Khemis-Naga
Chemaïa
42
Tensift-El-Haou
Dar-Caïd-Hadji
R201
Tleta-Oulad-Dlim
Agadir
O. Tensift
127
78
Tleta-Irhoud
Sidi-Bou-Othmane
Cap Hadid
Akermoud
Jemâa-Laroum
122
MARRAKECH
Tamelelt
84
N1

D
E
F
ESPAÑA
+1h Gr. Time
Greenwich Mean Time
Vejer d. l. Fr.
Barbate
La Línea d.l.C.
Gibraltar (U.K.)
Algeciras
Pta. Marroquí o de Tarifa
Tarifa
Islote del Perejil (Esp.)
Punta Almina
Marseille
Ceuta (Sebta) (Esp.)
Estr. d. Gibraltar
Cap Spartel
TANJAH (TANGER)
Ksar-es-Seghir
Riffien
Restinga-Smir
Mdiq
Martil
TITWĀN (TETOUAN)
Tanger-Tétouan
El Borj
Melloussa
Regaïa
Asilah
Souk-el-Had-el-Gharbia
El Fendek
Tnine-Beni Harchen
El-Manzla
Souk-el-Arba-Ayacha
Tleta-el-Beni-Ider
Souk-el-Arba-el-Beni-Hassen
Souk-Khemis-el-Beni-Arouss
Et-Tleta-el-Oued-Laou
Targa
Talembot
Lixus
El-Araïch (Larache)
Tleta-Rissana
Souk-el-Kella
Chefchaouèn
Derdara
Jebala
Ksar-el-Kbir
Bab-Taza
Barga
Rés d. Chasse
Moulay-Bousselham
Arbaoua
Brikcha
Barrage Makhazine
Mzefroûn
Mokrissèt
Lalla-Rhano
Gharb
Ouezzane
Teroual
Sidi Mohamed Lahmar
Souk-el-Arba-el-Gharb
Had-Kourt
Souk-Tleta-el-Gharb
Mechra-Belksiri
Aïn Defali
Barrage de Al-Waha
Q U E
Allal-Tazi
Oued Sebou
Chrarda-Beni Hssen
Fès-el-Bali
Ourtzarh
Khénichèt
Karia-Ba-Mohammed
Taza
Dar-Gueddari
Msaasada
Sidi-Kacem
AL-Q'NITRA (KÉNITRA)
Mehdia-Plage
Sidi Yahya-el Gharb
Sidi-Slimane
Pont-du-Sebou
FĀZ (FÈS)
Jardins exotiques
Bouknadel
Aïn-Johra
Volubilis
Nzala-el-Beni-Ammar
Moulay-Yakoub
SLĀ (SALÉ)
AR-RIBĀT (RABAT)
Sidi-Allal-el-Babraoui
El-Kansera
Barr. d'El-Kansera
Moulay-Idriss
Douyèt
Sidi-Harazem
Ras-el-Ma
Rabat-Salé-Zemmour-Zaër
Sidi-Yahya-ez-Zaër
Barrage Sidi Mohammed Ben Abdallah
Tiflèt
MIKNĀS (MEKNÈS)
Aïn Cheggag
Bhalil
Sefrou
Skhirat
Aïn-el-Aouda
Oued-Satour
Khemisset
El-Haj-Kaddou
Boufekrane
Imouzzèr-el-Kandar
Bouznika
Nkheila
Ben-Slimane
Sidi-Bettache
Mâaziz
Oulјet-es-Soltane
El-Hajeb
Agouraï
Rommani
Jbel Mouchchene 1086
Ifrane
Souk-Tnine-des-Oulad-Ali
Aïn-Guernouneche
El-Harcha
Oulmès
Paysage d'Ito
Azrou
Bir-el-Kelb
Ez-Zhilliga
Tarmilate
Michliffen
Dar Aït-Abdallah
Tiouririne
El-Gara
El-Khatouad
Moulay Bouâzza
Aïn Leuh
Timahdit
Chaouïa-Ouardigha
Souk-Tnine-el-Oulad-Bour-Hadi
Taztot
Mrirt
Ben Ahmed
Louad
Souk-el-Arba-el-Mâadna
Bekrit
Col du Zad (2178)
Taouerda
O. Grou
Khénifra
Sidi-Hajjaj
Khouribga
Bir-Mezoui
Oued-Zem
Souk-et-Tleta-ech-Chougrane
Sidi-Lamine
Itzèr
Moulouya
Zeïda
Boujad
Oued Oum er-Rbia
Kerrouchèn (1948)
Midelt
Souk-Sebt-el-Fokra
Takebalt
El-Kebab
Boumia
Cirque de Jaffar
Tattiouine
Souk-Tleta-el-Beni-Oukil
Fkih-Ben-Salah
Kasba-Tadla
Zaouïa-ech-Cheïkh
El-Ksiba
El-Borouj
Moyen Atlas
Jbel Ayachi 3737
Dar-Ould-Zidouh
Sidi-Aïssa
Beni-Mellal
Naour
Z.-Sidi-Hamza
O. el-Abid
Amouguèr
Afourèr
Ouaouizarht
Jbel Iouigharacène 3058
Isli
Imilchil
Outerbate
Oued Ziz
Rich
Moussem des Fiancés
Meknès-Tafilalt
Nid de Cigogne
Bzou
Tadla-Azilal
Asif Melloul
Agoudal
Amellago
Idelzene
Gorges du Ziz
Cascades d'Ouzoud
Azilal
Assoul
Ar-Rachidia
Aït-Mehammed
Tizi n' Illissi
(2650)
(2700)
2921
Morghad
Imi-n'Ifri
J. Azourki 3690
Aït-Hani
Tarda
Demnate
El-Had
Tamtattoucht
Goulmima
Oued Mellah
Meskine

A
B
C
1
2
3
4
5
6
ESPAÑA
Algeciras
Gibraltar (U.K.)
Pta. Marroquí o de Tarifa
Tarifa
Islote del Perejil (Esp.)
Punta Almina
Ceuta (Sebta) (Esp.)
Estr. d. Gibraltar
Cap Spartel
Ksar-es-Seghir
Riffien
TANJAH (TANGER)
El Borj
Melloussa
Restinga-Smir
Mdiq
50 km
Regaïa
Tanger -
Martil
TITWĀN (TETOUAN)
El Fendek
Tnine-Beni Harchen
Souk-el-Had-el-Gharbia
El-Manzla
Asilah
Souk-el-Arba-Ayacha
Tleta-el-Beni-Ider
Et-Tleta-el-Oued-Laou
Targa
Bou-Ahmed
Souk-Khemis-el-Beni-Arouss
Souk-el-Arba-el-Beni-Hassen
Talembot
Al-Hoc
Peñon de Veléz de la Gomera (Esp.)
Lixus
El-Araïch (Larache)
Tleta-Rissana
Chefchaouèn
Derdara
El-Jebha
Iris
Souk-el-Kella
Jebala
Tétouan
Es-Sebt
Bni-Boufrah
Ksar-el-Kbir
Bab-Taza
Bab-Berred
Barga
Brikcha
Bab-Besen
Ketama
Targuist
Rés d. Chasse
Barrage Makhazine
Mokrissèt
Moulay-Bousselham
Arbaoua
Mzefroun
Tleta-Ketama
Jbel Tidirhine
Casablanca
Lalla-Rhano
Gharb -
Ouezzane
Tamesnite
Lalla Outka
Souk-el-Had-de-Ikaouèn
Sidi Mohamed Lahmar
Souk-el-Arba-el-Gharb
Teroual
Barrage de Al-Waha
Ghafsaï
Tahar-Souk
Souk-Tleta-el-Gharb
Had-Kourt
Mechra-Belksiri
Aïn Defali
Taïneste
Allal-Tazi
Oued Sebou
Chrarda-Beni
Fès-el-Bali
Ourtzarh
O. Ouerrha
Taounate
Khénichet
Karia-Ba-Mohammed
Aïn-Aïcha
Dar-Gueddari
Gharb
Ras-el-Oued
Al-Q'NITRA (KÉNITRA)
Hassan
Msâasada
Sidi-Kacem
Taza -
Al-H
Sidi Yahya-el Gharb
Sidi-Slimane
Oued Sebou
Pont-du-Sebou
Tissa
Sidi Abdallah-el-Ghiata
Barrage Idriss I
Bouknadel
Aïn-Johra
Nzala-el-Beni-Ammar
FAZ (FÈS)
Parc Nat. Jbel Tazzeka
Sidi-Allal-el-Babraoui
Barr. d'El-Kansera
Volubilis
Moulay-Yakoub
Sidi Abdeljelil
Bab-Bou-Idir
El-Kansera
Moulay-Idriss
Douyèt
Jbel Tazzeka
Tiflèt
Rabat -
Ras-el-Ma
Sidi-Harazem
Bir-Tamtam
Taounat
Oued-Satour
MIKNĀS (MEKNÈS)
Aïn Cheggag
Bhalil
Sefrou
El-Menzel
Khemisset
El-Haj-Kaddou
Boufekrane
Azzaba
Tamtrouchte
Salé-Zemmour-
Zaër
Mâaziz
El-Hajeb
Imouzzèr-el-Kandar
Fès -
Tazouta
Jbel Bou Iblane
Oulja-es-Soltane
Agouraï
Rommani
Jbel Mouchchene
Paysage d'Ito
Ifrane
Skoura
El-Harcha
Oulmès
Azrou
Jbel Bou Nasseur
Tarmilate
Michliffen
Boulemane
Ifkern
Dar Aït-Abdallah
Tiouririne
Aïn Leuh
Almis-el Marmoucha
Moulay Bouâzza
Timahdit
Enjil
Taztot
Mrirt
Zaër
Bekrit
Col du Zad
Missour
Khénifra
Taouerda
Zaïa
Souk-et-Tleta-ech-Chougrane
Sidi-Lamine
Itzèr
O. Moulouya
Tamdafelt
Kerrouchèn
Zeïda
Ouizghet
Boujad
Oued Oum er-Rbia
Aouli
Ksabi
El-Kebab
Boumia
Midelt
Takebalt
Zebzate
Zaouïa-ech-Cheïkh
Cirque de Jaffar
Tattiouine
Tizi-n'Talghemt
Taguenntcha
El-Ksiba
Moyen
Jbel Ayachi
Atlas
Naour
Z.-Sidi-Hamza
Aït-Labbès
Gourrama
Amouguèr
Aït-Koujmane
Mellaha
O. el-Abib
Ouaouizarht
Jbel Iouigharacène
Imilchil
Outerbate
Rich
O. Guir
El-Gorar
Moussem des Fiancés
Oued Ziz
Tunnel du Légionnaire
Tadla-
Haut
Meknès-
Gorges du Ziz
Tazouguerte
Agoudal
Barrage Hassan-Addakhil
Azilal
Assoul
Amellago
Idelzene
Bous-Berbous
Tizi n' Illissi
Ar-Rachidia
Source bleue de Meski
Tilmi
Aït-Hani
Tadir-houst
Tarda
Azourki
Aït-Morghad
Tafilalf
Hassi Hassane
Zaouïa-Sidi-Moha-ou-Ayachi
Msemrir
Gorges du Dadès
Gorges du Todra
Touroug
Douira
Fezna
129
3

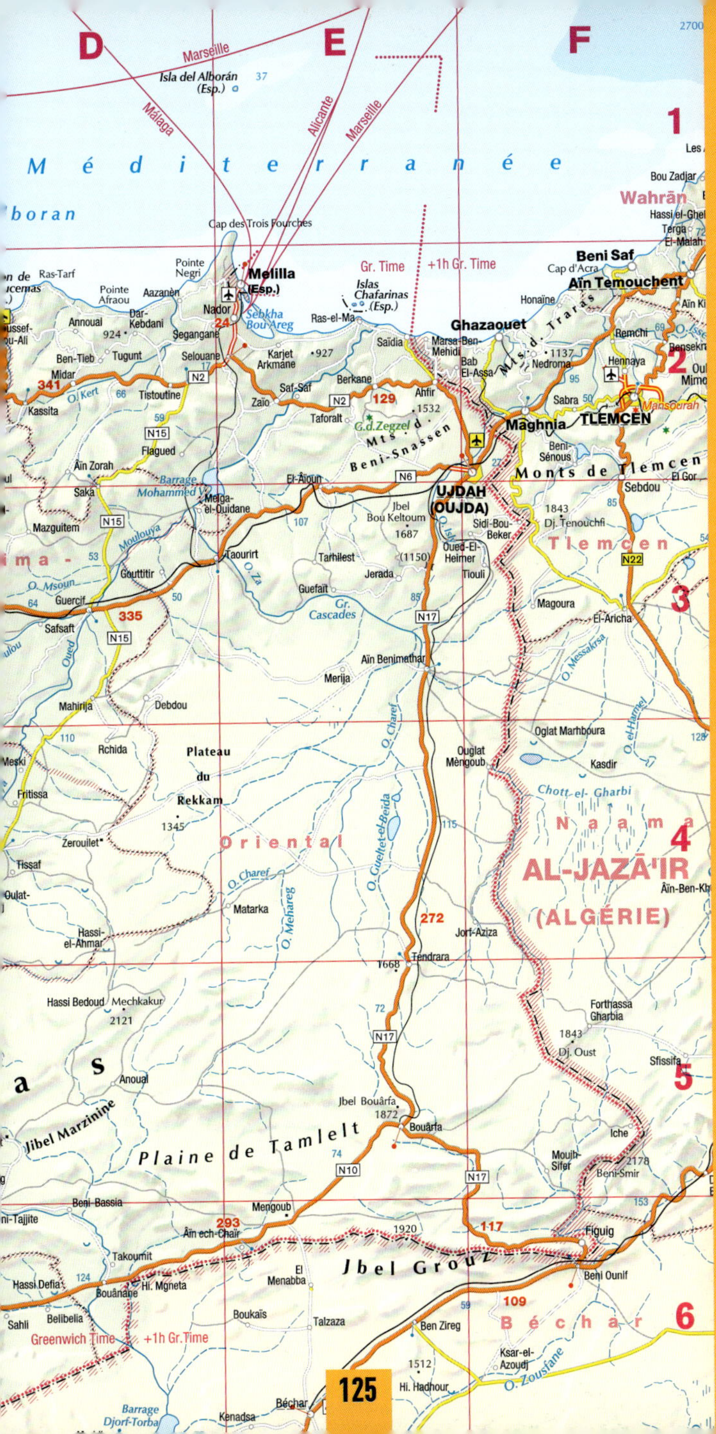
D
E
F
Marseille
Isla del Alborán (Esp.)
Málaga
Alicante
Marseille
Méditerranée
Alboran
Cap des Trois Fourches
Pointe Negri
Melilla (Esp.)
Ras-Tarf
Pointe Afraou
Aazanèn
Nador
Sebkha Bou Areg
Gr. Time
+1h Gr. Time
Islas Chafarinas (Esp.)
Ras-el-Ma
Annoual
Dar-Kebdani
Segangane
Selouane
Karjet Arkmane
Ben-Tieb
Tugunt
Midar
Kassita
O. Kert
Tistoutine
Zaïo
Saf-Saf
Berkane
Saïdia
Marsa-Ben-Mehidi
Taforalt
Ahfir
G.d.Zegzel
Mts. d. Beni-Snassen
Flagued
Aïn Zorah
Saka
Barrage Mohammed V
Melga-el-Ouidane
El-Aïoun
UJDAH (OUJDA)
Jbel Bou Keltoum
Mazguitem
Moulouya
Taourirt
O. Za
Tarhilest
Jerada
Oued-El-Heimer
Tiouli
Sidi-Bou-Beker
Gouttitir
O. Msoun
Guercif
Guefaït
Gr. Cascades
Safsaft
Aïn Benimathar
Merija
Mahirija
Debdou
Rchida
Plateau du Rekkam
Ouglat Mengoub
Meski
Fritissa
Zerouilet
Oriental
O. Charef
O. Gueltet-el-Beida
Tissaf
Oulat-
Matarka
O. Mehareg
Hassi-el-Ahmar
Jorf-Aziza
Tendrara
Hassi Bedoud
Mechkakur
Anoual
Jbel Bouârfa
Bouârfa
Jibel Marzinine
Plaine de Tamlelt
Beni-Bassia
Mengoub
Âïn ech-Chaïr
Takoumit
Hassi Defia
Bouânane
Hi. Mgneta
El Menabba
Jbel Grouz
Boukaïs
Talzaza
Sahli
Belibelia
Greenwich Time
+1h Gr. Time
Barrage Djorf-Torba
Kenadsa
Béchar
Ben Zireg
Hi. Hadhour
Ksar-el-Azoudj
O. Zousfane
Béchar
Figuig
Beni Ounif
Mouih-Sifer
Beni-Smir
Iche
Sfissifa
Dj. Oust
Forthassa Gharbia
Chott-el-Gharbi
Naama
AL-JAZĀ'IR (ALGÉRIE)
Aïn-Ben-Kh
Oglat Marhboura
Kasdir
O. el-Harmel
O. Messakrsa
Magoura
El-Aricha
Tlemcen
Dj. Tenouchfi
Sebdou
El Gor
Monts de Tlemcen
Beni-Snous
Maghnia
TLEMCEN
Mansourah
Sabra
Hennaya
Remchi
Nedroma
Mts d. Traras
Bab El-Assa
Ghazaouet
Honaïne
Cap d'Acra
Beni Saf
Aïn Temouchent
Aïn Ki
Bensekra
Oul
Mimo
Wahrān
Bou Zadjar
Hassi el-Ghel
Terga
El-Malah
Les
O. Isser
1
2
3
4
5
6
N2
N6
N15
N17
N10
N22

A
B
C
1
2
3
4
5
6
50 km
Dacia Bank
128
Cádiz
OCÉAN
ATLANTIQ
Alegranza
Graciosa
Haria
Lanzarote
(ESPAÑA)
Arrecife
Pta. de la Lagarta
Gr. Canaria
Fuerteventura
Dakar
Cap Drâa
Tan-Tan Plage
25
Tan-Tan
Hassi Onouz
500
P44
El-Khaloua
Abattekh
Aglatibell
Tarfaya
N1
235
115
Sebkha Tah
Khaoui-Nâam
As-Sakn
245
245
Sahara
Sebkha Oum Deboua

D
E
F
122
1
2
3
4
5
6
Tanger
Cap Hadid
Talmest
Akermoud
Tleta-Irhoud
R201
O. Tensift
Sidi-Chikèr
N1
Had-Drâa
Sidi-Mokhtar
Taftecht
As-Sawirah
Essaouira
Ounara
R207
Tleta-Henchane
150
Chichaoua
65
Cap Sim
Arba-el-Ida-ou-Gourd
El-Khemis-Meskala
Et-Tnine
Tensift - El - Haouz
289
Bouâbout
157
S.-et-Tnine-Imi-n'Tlit
Dar-Cheïkh-Taguent
Bou-Laouane
Imi-n'Tanoute
Adassil
270
Allal-Bou-Fenzi
Tamanar
N8
Mzouzi
Aglagal
Tizi-n-Test (2092)
Pointe Imessouane
Arba-el-Ida-ou-Tghouma
Khemis-Igui-Nilieud
Jbel Aoulime
3555
Tafinegoult
Imouzzèr-el-Ida-Outanane
El-Jemâa
Tamri
Had-el-Imoulas
Cap Ghir
Arnesnaz
350
Olad-Berrehil
El-Menizla
Taghazoute
1349
Oued Souss
Oued-Issene
Taroudannt
Aït-Yazza
AGADIR
N10
Inezgane
Aït-Melloul
Oulad-Teïma
Tioute
Souk-el-Arba-el-Assads
Ouaoufengha
U E
Biougra
Et-Tleta
Ouzzoum
Tifnite
N1
Imi-Mqourn
Anrouy
Adrar-n'Aklim
Parc nat. de Sous Massa
Inchadèn
Souss
Igherm
2531
Tiferhal
Souk-Tnine-Toufelatz
Aït-Baha
Dar Lahoussine
Souk-Khèmis-d'Issafèn
Bou Soun
Barrage Youssef-Ben-Tachfine
198
Jbel Lekst
Hassi el-Kerma
Tanalt
2356
O. Massa
Assaka
Kerma
Tiznit
Tafraoute
Tazegzaoute
Souk-Tnine-et-Tizourhane
Mirlaft
Tighmi
2344
Jemâa-Ida-Oussemlal
Akka
Sidi Ifni
Tiourhza (1057)
Souk-Tleta-el-Akhsas
441
El-Arba-Mesti
Ida-Oumarkt
Tazougart
Agadir-Id-Aïssa
Tisgui-el-Haratine
Tezounine
Boulzakarn
El-Arba-et-Timoulay-Azguer
Tamessoult
Foum-Ouggoug
Foum-Assaka
Touaoutlim
N12
Icht
Adrar Zuoggar
1195
Tagmout
Sidi-el-Mechour
Guelmin
Foum-el-Hassane
Fask
Oued Drâa
Abiar
N1
Aouzeroual
Targoumaït
1098
Taïdalt
Oum el Achar
Guelmin-Es-Smara
Assa
Âïoun-Drâa
Tiglite
Âouïnet-Torkoz
AL-JAZÂ'IR (ALGÉRIE)
Tisgui-Remz
549
1097
Oued Drâa
Oued Tigzerte
Amot
Greenwich Time
+1h Gr. Time
Jbel Ouarkziz
Hamada de Tindouf
Zag
Tarff en-Nouss
671
Lag-Tchab
Tindouf
Aggad-Argane
cidental
Tamnavvat-
El-Khachba

122
A
B
C
1
2
3
4
5
6
Cap Beddouza
Dar-Caïd-Zerhouni
Had-Harrara
Sidi-Aïssa
SAFI
Tleta-el-Sidi-Bouguedra
Khemis-ez-Zemamra
Sebt-Maarif
Arba-Amrane
Tnine-el-Bouchane
Khemis-Ksiba
Barrage d'Imfout
Mechra-Benâbbou
Skhour-er-Rehamna
Barrage el-Massira
El-Borouj
Dar-Ould-Zidouh
Nzalet-el-Hararcha
Ben-Guerir
Youssoufia
Doukkala-
Sebt el-Gzoula
Tnine-Ghiate
Khemis-Naga
Chemaïa
Abda
Nzalet-el-Adam
Tnine-Mhara
El-Kelaa-des Sramna
Nid de Cigogne
Bzou
Cascades d'Ouzoud
Foum-Jemâa
Attaouïa-ech-Cheïbia
Tleta-Oulad-Dlim
Marrakech-
Tleta-Irhoud
O. Tensift
Jemâa-Laroum
Sidi-Chikèr
MARRAKECH
Sidi-Bou-Othmane
Tamelelt
Imi-n'Ifri
Demnate
Taftecht
Sidi-Mokhtar
Chichaoua
Oudaya
Aït-Bou-Riah
Tamesloh
Aït-Ourir
Aït-Barka
Oued Tessaout
Tizi-n-Outfi (2150)
Et-Tnine
Lalla-Takerkoust
Guemassa
Tahanaoute
Dar-Caïd-Ouriki
Aghbalou
Azgour
Taddert
Tizi-n-Tichka (2260)
Telouèt
Irhil M'Goun
Tensift - El - Haouz
Bouâbout
Asni
Amellougui
Imi-n'Tanoute
Bou-Laouane
Amizmiz
Ouirgane
Oukaï-meden
Assermo
Aourir-n'
Adassil
4167
Imlil
Jbel Toubkal
Amerzgane
Aït-Benhaddou
Ijoukak
Assarag
Bou-Tazoult
Taourirt
Aglagal
Mzouzite
Tizi-n-Test (2092)
Tafinegoult
Jbel Aoulime
3555
Aït-Kalla
(1160)
Ouarzazate
Barrage el-Mansour ed
El-Jemâa
Had-el-Imoulas
Timicht
Tizi-n-Tleta (2502)
3304
Anezal
Adrar-n-Deren
Haut Atlas
Aoulouz
Askaoun
Olad-Berrehil
Souss-Massa-
Jbel Siroua
(1700)
(1660)
El-Menizla
Taroudannt
Oued Souss
Aït-Yazza
Taliouine
Tazenakht
Aït-Semga
(1886)
Kourkouda
Bou Azzer
Talate
Tizi-n-Tarhatine
Tioute
Algou
Angarf
Assaka
Souss
Souk-el-Arba-el-Assads
Ouaoufengha
Amtazguine
Alougoum
Ouzzoum
Agadir-Melloul
Anti Atlas
Anrouy
Adrar-n'Aklim
Tamsoult
Igherm
2531
Souk-Tnine-Toufelatz
Imi-n'Tatelt
1503
Foum-Zguid
Souk-Tleta-et-Tagmoute
Taïmzour
Souk-Khèmis-d'Issafen
Jbel Lekst
2356
Jbel Bani
Hassi el-Kerma
Tata
1306
Sidi-Rezzoug
Kerma
Tafraoute
Tazegzaoute
Hassi Brahim
612
2344
Akka
Greenwich Time
+1h Gr. Time
Tazougart
Tisgui-el-Haratine
Tezounine
Icht
Adrar Zuoggar
Foum-el-Hassane
Oued Drâa
Hassi el Mounir
Hamada du
Bou Akba
Oum el Achar
Tindouf
O. En Naga
549
N7
N8
N9
N10
N12
R201
R204
26
150
213
226
178
270
350
441
65
288

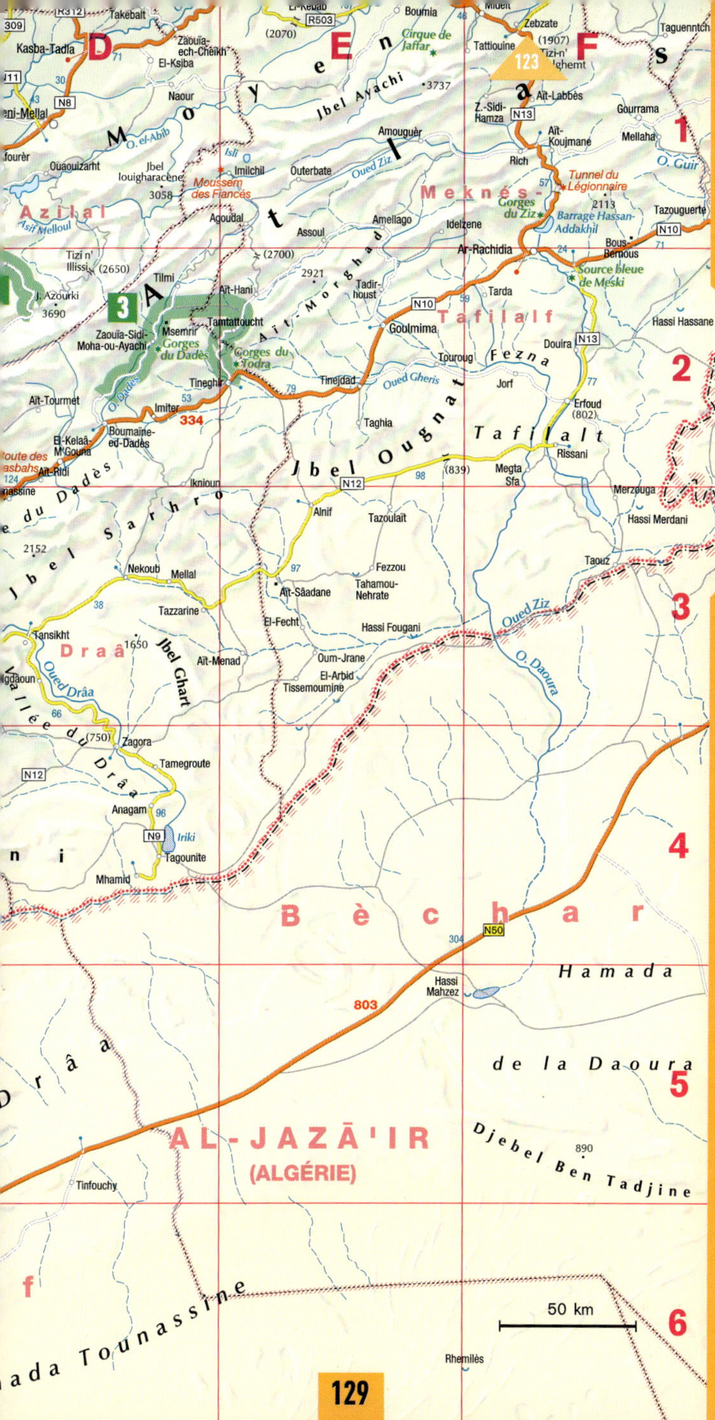
D
E
F
123
1
2
3
4
5
6
Takebalt
R312
R503
(2070)
Boumia
Midelt
Zebzate
(1907)
Tizi-n'
Taguenntch
Kasba-Tadla
Zaouïa-ech-Cheikh
El-Ksiba
Cirque de Jaffar
Tattiouine
N11
N8
Naour
Jbel Ayachi
3737
Aït-Labbès
Gourrama
Z.-Sidi-Hamza
N13
Mellaha
Moyen Atlas
O. el-Abib
Amouguèr
Aït-Koujmane
Rich
O. Guir
Ouaouizarht
Jbel louigharacène
Isli
Imilchil
Outerbate
Oued Ziz
Tunnel du Légionnaire
3058
Moussem des Fiancés
Meknès-Tafilalt
Gorges du Ziz
2113
Azilal
Agoudal
Assoul
Amellago
Idelzene
Barrage Hassan-Addakhil
Tazouguerte
Asif Melloul
N10
Tizi n' Illissi
(2650)
(2700)
Ar-Rachidia
Bous-Bernous
Source bleue de Meski
2921
Tilmi
Aït-Hani
Tadir-houst
Tarda
J. Azourki
3690
Aït-Morghad
Hassi Hassane
Tamtattoucht
Goulmima
Douira
Zaouïa-Sidi-Moha-ou-Ayachi
Msemrir
Gorges du Dadès
Gorges du Todra
Touroug
Fezna
Tineghir
Tinejdad
Oued Gheris
Jorf
Aït-Tourmet
O. Dadès
Imiter
Erfoud
(802)
334
Taghia
Boumaïne-ed-Dadès
El-Kelaâ-M'Gouna
Tafilalt
Route des Kasbahs
Aït-Ridi
Jbel Ougnat
(839)
Megta Sfa
Rissani
Iknioun
N12
Merzouga
Vallée du Dadès
Alnif
Tazoulaït
Hassi Merdani
Jbel Sarhro
2152
Nekoub
Mellal
Fezzou
Taouz
Aït-Sâadane
Tahamou-Nehrate
Tazzarine
Oued Ziz
Tansikht
El-Fecht
Hassi Fougani
Draâ
1650
Jbel Ghart
Aït-Menad
Oum-Jrane
O. Daoura
Oued Drâa
El-Arbid
Tissemoumine
Vallée du Drâa
(750)
Zagora
Tamegroute
Anagam
N9
Iriki
Tagounite
Mhamid
Bèchar
N50
304
Hamada de la Daoura
Hassi Mahzez
803
Drâa
AL-JAZĀ'IR
(ALGÉRIE)
Djebel Ben Tadjine
890
Tinfouchy
Hamada Tounassine
50 km
Rhemilès

KARTENLEGENDE

Autobahn, mehrspurige Straße - in Bau Highway, multilane divided road - under construction		Autoroute, route à plusieurs voies - en construction Autosnelweg, weg met meer rijstroken - in aanleg
Fernverkehrsstraße - in Bau Trunk road - under construction		Route à grande circulation - en construction Weg voor interlokaal verkeer - in aanleg
Hauptstraße Principal highway		Route principale Hoofdweg
Nebenstraße Secondary road		Route secondaire Overige verharde wegen
Fahrweg, Piste Practicable road, track		Chemin carrossable, piste Weg, piste
Straßennummerierung Road numbering	E20 11 70 26 5 40 9	Numérotage des routes Wegnummering
Entfernungen in Kilometer Distances in kilometers	259 130 129	Distances en kilomètres Afstand in kilometers
Höhe in Meter - Pass Height in meters - Pass	1365	Altitude en mètres - Col Hoogte in meters - Pas
Eisenbahn - Eisenbahnfähre Railway - Railway ferry		Chemin de fer - Ferry-boat Spoorweg - Spoorpont
Autofähre - Schifffahrtslinie Car ferry - Shipping route		Bac autos - Ligne maritime Autoveer - Scheepvaartlijn
Wichtiger internationaler Flughafen - Flughafen Major international airport - Airport		Aéroport importante international - Aéroport Belangrijke internationale luchthaven - Luchthaven
Internationale Grenze - Provinzgrenze International boundary - Province boundary		Frontière internationale - Limite de Province Internationale grens - Provinciale grens
Unbestimmte Grenze Undefined boundary		Frontière d'Etat non définie Rijksgrens onbepaalt
Zeitzonengrenze Time zone boundary	-4h Greenwich Time -3h Greenwich Time	Limite de fuseau horaire Tijdzone-grens
Hauptstadt eines souveränen Staates National capital	RABAT	Capitale nationale Hoofdstad van een souvereine staat
Hauptstadt eines Bundesstaates Federal capital	Tanger	Capitale d'un état fédéral Hoofdstad van een deelstat
Sperrgebiet Restricted area		Zone interdite Verboden gebied
Nationalpark National park		Parc national Nationaal park
Antikes Baudenkmal Ancient monument		Monument antiques Antiek monument
Sehenswertes Kulturdenkmal Interesting cultural monument	Lixus	Monument culturel interéssant Bezienswaardig cultuurmonument
Sehenswertes Naturdenkmal Interesting natural monument	Cirque de Jaffa	Monument naturel interéssant Bezienswaardig natuurmonument
Brunnen Well		Puits Bron
Ausflüge & Touren Excursions & tours		Excursions & tours Uitstapjes & tours

REGISTER

Hier finden Sie alle in diesem Reiseführer erwähnten Orte und Ausflugsziele, wichtige Sachbegriffe und Personen. Halbfette Seitenzahlen verweisen auf den Haupteintrag.

> SCHREIBEN SIE UNS

Liebe Leserin, lieber Leser,

wir setzen alles daran, Ihnen möglichst aktuelle Informationen mit auf die Reise zu geben. Dennoch schleichen sich manchmal Fehler ein – trotz gründlicher Recherche unserer Autoren/innen. Sie haben sicherlich Verständnis, dass der Verlag dafür keine Haftung übernehmen kann.

Wir freuen uns aber, wenn Sie uns schreiben.

Senden Sie Ihre Post an die
MARCO POLO Redaktion,
MAIRDUMONT, Postfach 3151,
73751 Ostfildern,
info@marcopolo.de

IMPRESSUM

Titelbild: Medina von Fès (Getty Images/The Image Bank: Grandadam)
Fotos: Najia Abadi: Fayçal Kelay (14 o.); Atlas Kasbah (12 u.); M. Brunswig-Ibrahim (134); Cafe Arabe: Mauro Parmesani (15 u.); Dar Moha: Nour Eddine Tilsaghani (100 u. r.); W. Dietrich (78); Nejma Ennaim (12 o.); J. Frangenberg (18, 40/41, 56, 90); Getty Images/The Image Bank: Grandadam (1); HB Verlag: Riehle (4 r., 5, 11, 27, 53, 54, 59, 69, 72, 75, 81, 93, 102/103, 106/107), Widmann (109); Huber: Lawrence (6/7), Schmid (24/25, 26, 64/65, 66, 76/77), Giovanni Simeone (8/9, 45); (c) iStockphoto.com: cameglio (101 o. l.), Silke Dietze (13 u.), Frank_U (14 M.), gremlin (100 o. r.), naphtalina (14 u.), tulcarion (15 o.); KECHMARA café restaurant: Arnaud Foltran (100 o. l.); F. Köthe (Klappe links, 3 M., 29, 32, 37, 89, 104, 105, 108); Laif: Gartung (3 r.), Harscher (2 r., 94/95), Heeb (16/17, 63, 84, 87, 97, 98), Jonkmanns (99), Riehle (Klappe rechts, 3 l., 4 l., 23, 34, 36, 42, 88), Specht (47, 71, 120/121); I. Lehmann (2 l., 22, 28); K. Maeritz (30/31, 39); Mauritius: Martens (Klappe Mitte, 22/23, 50); Palais Rhoul & Spa: Mustapha Baktaoui (101 M. r.); T. Reyhan (28/29); RIAD EL FENN: Viviana Gonzalez (13 o.); Es Saadi Gardens & Resort: Caroline Bauchet-Bouhlal (101 u. r.); Segway Maroc: Laïd Liazid (100 M. l.); T. Stankiewicz (20, 48, 57, 61, 83); La Trattoria de Giancarlo: Pierre Restoul (101 M. l.)

3. (14.), aktualisierte Auflage 2010

Chefredaktion: Michaela Lienemann, Marion Zorn
Autorin: Muriel Brunswig-Ibrahim; Redaktion: Manfred Pötzscher
Programmbetreuung: Silwen Randebrock; Bildredaktion: Gabriele Forst
Szene/24h: wunder media, München
Kartografie Reiseatlas:© MAIRDUMONT, D-73751 Ostfildern
Innengestaltung: Zum goldenen Hirschen, Hamburg; Titel/S. 1–3: Factor Product, München
Sprachführer: in Zusammenarbeit mit Ernst Klett Sprachen GmbH, Stuttgart, Redaktion PONS Wörterbücher

Printed in Hungary. Gedruckt auf 100% chlorfrei gebleichtem Papier

> UNSERE AUTORIN

MARCO POLO Insiderin Muriel Brunswig-Ibrahim im Interview

Die Marokkoexpertin Muriel Brunswig-Ibrahim *(www.brunswig.info)* arbeitet als Publizistin und veranstaltet Reisen.

Sie haben einige Jahre in Marokko gelebt. Wie ist es dazu gekommen?

Fremde Kulturen haben mich immer schon begeistert, und so habe ich Islamwissenschaft und Ethnologie studiert. Nach meinem Studium wollte ich eine Weile in einem islamischen Land verbringen. Da bekam ich ein Jobangebot in Marokko und bin einfach los.

Was reizt Sie an Marokko?

Marokko ist einfach immer für eine Überraschung gut! Da denkt man, man kennt es und entdeckt dann doch wieder etwas Neues. Das macht jede Reise spannend! Außerdem kenne ich kein Land, das so vielfältig ist wie Marokko.

Wo und wie lebten Sie genau?

Die ersten zwei Jahre habe ich in erster Linie in einem kleinen Dorf im Draatal verbracht. Ich habe dort ethnologische Studien betrieben und für einen Reiseführer recherchiert. Das war toll! Ich wohnte in einer traditionellen Kasbah und erlebte das echte Landleben mit Brotbacken, Kleider am Fluss waschen etc. Später hatte ich immer Zimmer bei Familien in verschiedenen Orten.

Was machen Sie beruflich?

Ich bin selbstständig als Reiseveranstalterin für Marokkoreisen tätig *(www.tourserail.com)* – und natürlich weiterhin auch als Reisebuchautorin.

Kommen Sie viel in Marokko herum?

Ja, ständig. Ich muss sowohl für meine Bücher, aber auch für meine Firma immer auf dem neuesten Stand sein. Wo sind neue Hotels, welche Piste ist geteert worden ...

Sprechen Sie Arabisch?

Ich habe es viele Jahre an der Uni gelernt und auch in Rabat einen Kurs besucht. Aber dennoch habe ich mich nie wirklich in den marokkanischen Dialekt einfinden können.

Was prädestiniert Sie als MARCO POLO Autorin?

Ich kenne das Land wirklich in- und auswendig. Ich habe dort gelebt, und seither verbringe ich jährlich viele Wochen bis Monate dort.

Mögen Sie die marokkanische Küche?

Es hat eine Weile gebraucht, bis ich sie wirklich lieben lernte. Inzwischen habe ich zusammen mit meinem Mann in Freiburg sogar ein arabisch-marokkanisches Restaurant aufgemacht *(www.restaurant-scherazade.de)* und genieße sie auch in Deutschland Tag für Tag ...

10 € GUTSCHEIN für Ihr persönliches Fotobuch*!

Gilt aus rechtlichen Gründen nur bei Kauf des Reiseführers in Deutschland und der Schweiz

SO GEHT'S: Einfach auf www.marcopolo.de/fotoservice/gutschein gehen, Wunsch-Fotobuch mit den eigenen Bildern gestalten, Bestellung abschicken und dabei Ihren Gutschein mit persönlichem Code einlösen.

Ihr persönlicher Gutschein-Code: mpye3smqqj

Zum Beispiel das MARCO POLO FUN A5 Fotobuch für 7,49 €.

* Dies ist ein spezielles Angebot der fotokasten GmbH. Der Gutschein ist einmal pro Haushalt/Person einlösbar. Dieser Gutschein gilt nicht in Verbindung mit weiteren Gutscheinaktionen. Eine Barauszahlung ist nicht möglich. Gültig bis 31.12.2014. Der Gutschein kann auf www.marcopolo.de/fotoservice/gutschein auf alle Angebote und Versandkosten (Deutschland 4,95 €, Schweiz 9,95 €) der fotokasten GmbH angerechnet werden.

powered by fotokasten

www.marcopolo.de/fotoservice/gutschein

> BLOSS NICHT!

Je mehr man weiß, desto weniger macht man falsch

Alles fotografieren

Die Menschen Marokkos sind – nicht selten zu ihrem Leidwesen – bei vielen Touristen beliebte Fotomotive. Grundsätzlich sollten Sie jeden vorher fragen, ob Sie ihn (oder sie) fotografieren dürfen. Die meisten Frauen lehnen dies ab, sehr viele Gläubige auch, denn im Islam herrscht ein Bilderverbot. Andere wiederum verlangen Geld dafür. Es ist verboten, militärische Anlagen zu fotografieren.

Auf falsche Führer hereinfallen

Die sogenannten *Faux Guides*, die falschen Führer, tummeln sich überall. Sie bieten – oft als Studenten der deutschen Sprache getarnt – ahnungslosen Touristen Geleitschutz und Erklärungen der Basare, Burgen und Altstädte an. Sie sagen, sie wollen kein Geld dafür, hoffen aber auf ein kleines Geschenk oder ein kleines Geschäft. Oftmals hängen sie wie Kletten an ihren Opfern und versuchen alles, die Reisenden in ein Geschäft zu lotsen, um dann, nach erfolgtem Kauf, eine ansehnliche Provision zu kassieren. Falls es dort jedoch nicht zum von ihnen gewünschten Ergebnis kommt, werden die Urlauber im schlimmsten Fall beschimpft.

Rauschgift annehmen

Marokko gehört zu den wichtigsten Haschischexporteuren der Welt. Das Rif-Gebirge ist voller Hanffelder. Die Droge wird in aller Öffentlichkeit geraucht, und so scheint es, als sei sie legal. Das ist sie nicht, auch wenn man den Stoff überall im Land offen angeboten bekommt. Die Polizei ahndet Rauschgiftdelikte (dazu gehört auch der Besitz von Haschisch) streng. Je nach politischer Stimmung kann dies mit einer Gefängnisstrafe enden – da kann auch die Deutsche Botschaft nicht mehr allzu viel machen.

Allzu luftig gekleidet sein

Trotz der zur Schau gestellten Moderne ist Marokko ein traditionelles Land mit konservativen Moralvorstellungen. Diesen zufolge gelten Frauen, die sehr freizügig gekleidet sind, als Prostituierte oder mannstoll. Entsprechend werden sie behandelt. Aber auch Männer sollten sich bei ihrer Kleiderwahl ein wenig nach den Landessitten richten, sonst lacht man sie (zumindest außerhalb von Agadir) aus: Träger-T-Shirts gelten als Unterhemden, Shorts als Unterhosen. Weite Kleidung, die Schultern und Knie bedeckt, ist angemessen – und für die Temperaturen geradezu ideal.

Hetzen

In Marokko herrschen andere Zeitvorstellungen als bei uns. Man sagt hier: Die Europäer haben die Uhren – wir haben die Zeit. Diese Philosophie müssen Sie sich zu Eigen machen, denn wer nach europäischem Usus hetzt, kann vieles nicht sehen und erleben.